LE LIVRE D'OR

DES PROSCRITS

PAR

LE R. P. MARIE-ANTOINE

MISSIONNAIRE-CAPUCIN

AVEC LA PERMISSION DES SUPÉRIEURS DE L'ORDRE

Vacate et videte quoniam ego sum Deus ! (Ps. 45.)

« Soyez attentifs et voyez : c'est bien moi qui suis Dieu ! »

Ego ridebo et subsannabo. (Prov. 1.)

« Je rirai de vous et vous écraserai sous le ridicule et l'ignominie. »

SOCIÉTÉ GÉNÉRALE DE LIBRAIRIE CATHOLIQUE.
Ancienne maison V^{or} PALMÉ, éditeur des Bollandistes.

PARIS
VICTOR PALMÉ
76, rue des Saints-Pères.

TOULOUSE
EDOUARD PRIVAT
45, rue des Tourneurs.

1880

LE

LIVRE D'OR DES PROSCRITS

LE LIVRE D'OR

DES PROSCRITS

PAR

LE R. P. MARIE-ANTOINE

MISSIONNAIRE-CAPUCIN

AVEC LA PERMISSION DES SUPÉRIEURS DE L'ORDRE

Vacate et videte quoniam ego sum Deus! (PS. 45.)

« Soyez attentifs et voyez : c'est bien moi qui suis Dieu! »

Ego ridebo et subsannabo. (PROV. 1.)

« Je rirai de vous et vous écraserai sous le ridicule et l'ignominie. »

SOCIÉTÉ GÉNÉRALE DE LIBRAIRIE CATHOLIQUE

Ancienne maison V^{or} PALMÉ, éditeur des Bollandistes.

PARIS	TOULOUSE
VICTOR PALMÉ	ÉDOUARD PRIVAT
76, rue des Saints-Pères.	45, rue des Tourneurs.

1880

VIVE

JÉSUS ! MARIE ! JOSEPH !

—

VIVE

NOTRE SÉRAPHIQUE PÈRE

SAINT FRANÇOIS !

TOUTES LES LÉGIONS INFERNALES NOUS FONT LA GUERRE !

PRIÈRE POUR LES REPOUSSER

Auguste Reine des Cieux, souveraine Maîtresse des Anges, vous qui, dès le commencement, avez reçu de Dieu le pouvoir et la mission d'écraser la tête de Satan, nous vous le demandons humblement, envoyez vos légions saintes pour que, sous vos ordres et par votre puissance, elles poursuivent les démons, les combattent partout, répriment leur audace et les refoulent dans l'abîme.

QUI EST COMME DIEU !

INTRODUCTION

« Et le Seigneur me dit : Fils de l'homme va vers la maison d'Israël et fais entendre à tous tes frères les paroles que je vais te dicter. » (Ézéchiel, III.)

Et le prophète obéit à la voix du Seigneur, et il parla, et Israël entendit sa parole, et tous les cœurs tressaillirent.

Les religieux maintenant sont proscrits dans cette noble et sainte terre de France, et j'ai entendu la voix du Seigneur me dire à moi, le plus petit et le plus indigne entre tous mes frères : « Fils de l'homme parle, et ne crains pas, nul ne peut proscrire ni enchaîner ton cœur, ni ta parole; dans le cœur du religieux vit le Seigneur, et personne n'enchaîne le Seigneur; dans la bouche du religieux vit la vérité, et personne ne peut expulser ni enchaîner la vérité. La vérité demeure éternellement vérité ·

Veritas manet in æternum.

La parole de Dieu est toujours libre; personne ne l'enchaînera jamais :

Verbum Dei non est alligatum.

O mon Dieu! que ma voix soit vibrante comme celle du clairon, et que tous les cœurs s'écrient : « Oui, c'est vous qui êtes Dieu, et il n'y a pas d'autre Dieu que vous. »

C'est une page de plus que nous écrivons pour l'histoire du monde, et, par conséquent, pour le triomphe de Dieu!

Venez et voyez, s'écrie le prophète : C'est bien moi qui suis Dieu : *Vacate et videte quia ego sum Deus.* C'est bien moi qui serai exalté au milieu des nations et dans la terre entière : *Et exaltabor in gentibus et exaltabor in terrâ*. (Ps. 45.)

Et à ce cri de Dieu que chacune de ces lignes fait entendre répond un autre cri que chacune de ces lignes va redire :

« Oui, le Dieu des vertus est avec nous ! Oui, le Dieu de Jacob nous garde et nous fait triompher ! » *Dominum virtutum nobiscum, susceptor noster Deus Jacob !* (Ps. 45.)

Encore une fois, venez et voyez, prenez ces pages et lisez, et dévorez ce livre : *Comede volumen istud.* (Ezech., III.) Car il y a dans ces pages la substance de la vie.

La substance de la vie, c'est le combat : *Militia est vita !* (Job, 7.)

Dieu a ajouté à sa vie divine la couronne du combat, et il veut que toute vie angélique et humaine la porte à son tour, car il est écrit, sachez-le bien : Personne, ange ou homme, ne sera couronné s'il n'a légitimement combattu : *Nemo coronabitur nisi legitimè certaverit.* (II, Timoth.)

Chaque page de l'histoire est une évolution nouvelle de la grande lutte.

Ouvrez la première, ici ce sont les anges qui combattent en face de Dieu, et Dieu est exalté dans son amour en couronnant les bons, et dans sa justice, en punissant éternellement les mauvais parce qu'ils ont péché avec la volonté libre, éternelle et absolue du mal.

Toutes les autres pages de l'histoire racontent la lutte de l'homme.

Celui-ci n'a pas été créé en un jour comme les anges et sa destinée n'a pu se conclure par un seul et décisif combat, sa création étant successive et se renouvelant jusqu'à la fin du monde, la lutte est successive et se renouvelle sans cesse ; mais l'humanité n'étant qu'une dans son essence, la lutte sera une dans son essence.

Cette essence de la lutte, la voici : les saints Livres, c'est-à-dire Dieu lui-même, nous la révèle par le prophète. Deux mots suffisent : *Accedet homo ad cor altum, et exaltabitur Deus !* « Homme au cœur élevé, approche ; et, à proportion de l'élévation de ton cœur grandira l'élévation de Dieu ! »

Pour la lutte, il faut deux combattants ; ils y seront.

L'homme étant né avec le libre arbitre, deux armées se forment immédiatement comme conséquence naturelle et logique.

Pour la lutte il faut que le cœur des deux lutteurs soit élevé à la hauteur de la cause dont ils sont les soldats.

Or, il n'y a que deux choses qui élèvent le cœur de l'homme à cette hauteur : ou l'amour du mal porté à un degré suffisant pour faire de l'homme le soldat du mal, ou l'amour de Dieu porté à un degré suffisant pour faire de l'homme le soldat du bien.

C'est l'orgueil qui, en enflant le cœur du premier, le fait arriver à ce degré ; l'humilité et l'oubli de soi-même jusqu'au sacrifice complet du moi y fait monter le second.

L'issue de la lutte est prédite : elle est infaillible. Celui qui entreprend la lutte avec le cœur rempli d'orgueil sera abaissé, et l'humble, au contraire, sera élevé ; le premier sera toujours vaincu, le second sera toujours vainqueur : *Qui se exaltat humiliabitur, qui se humiliat exaltabitur.*

La conséquence de la lutte est toujours la même, et il ne peut pas y en avoir d'autre : c'est l'exaltation de Dieu : *et exaltabitur Deus.*

Dieu étant toujours tout en toutes choses, et Satan et les fils de Satan qui croient et voudraient être tout comme Dieu et à sa place, n'étant absolument rien

Exaltabitur Deus ! L'exaltation de Dieu !

L'exaltation du Christ qui est Dieu ! l'exaltation de l'Église catholique qui est sur la terre et dans le ciel la famille de Dieu ! l'exaltation de tous les fils de Dieu, tous membres de l'Église catholique, tous appartenant à son corps ou à son âme, qu'ils soient anges ou qu'ils soient hommes, car le Christ étant le premier-né de cette Église, tous les anges fidèles du ciel et tous les hommes de bonne volonté sur la terre sont ses frères, et livrent avec lui et sous ses ordres le grand combat !

Rien de plus beau que ce combat, quand il se livra pour la première fois au ciel : les cieux firent silence pour le contempler.

Factum est silentium magnum in cœlo !

L'archange Michel, à la tête de ses légions, combattait le Dragon au cœur enflé d'orgueil, et le Dragon fut vaincu, et toutes ses phalanges furent vaincues avec lui, et Dieu fut exalté, et le combat cessa dans le ciel pour recommencer par Satan et les fils de Satan sur la terre.

Caïn, le premier séduit, se précipite sur Abel! Celui-ci semble vaincu ; mais, en réalité, il est vainqueur : Caïn est maudit, et il laisse une race maudite; Abel monte au ciel et y devient le type du triomphateur.

Les enfants de Caïn se précipitent bientôt sur les enfants de Dieu; le déluge engloutit les premiers, et les seconds sont dans l'arche avec Noé pour repeupler le monde.

Cham, le fils orgueilleux, recommence la lignée de Caïn. Les idoles reparaissent; mais Abraham dit à Dieu : « Me voici. » Les Pharaons forgent des chaînes; mais Moïse les brise. Goliath s'avance : il a six coudées; mais David, petit berger, le renverse. Nabuchodonosor a dit : « Je suis dieu; » Antiochus le

répète; le premier est changé en bête, le second dé-
voré par les vers; une femme, Judith, a suffi pour
éclipser la gloire du premier; une femme, la mère
des Macchabées, a suffi pour faire tomber sept malédictions à la fois, par chacun de ses héroïques fils, sur
la tête du second; et nous voici en présence du Dieu
incarné, venant au milieu des temps donner une main
à ceux qui ont soutenu avant lui et pour lui le grand
combat, et l'autre main à ceux qui vont le continuer
jusqu'à la fin des siècles.

Néron prépare ses torches et ses bûchers; ses bourreaux dressent une croix et brandissent le glaive.
Pierre et Paul, debout devant le tyran, s'écrient :
« Nous pouvons mourir; mais nous taire, jamais !
Non possumus ! — Vous mourrez » répond le tyran.
Et Pierre est cloué à la croix, la tête en bas, et avec
ses deux mains, il embrasse le monde. La tête de Paul
tombe sous le glaive; mais, en tombant, elle bondit
trois fois pour affirmer trois fois à la terre le triomphe de Dieu !

Néron se tait maintenant dans son tombeau désert;
ses cendres sont dispersées aux quatre vents. Pierre
parle encore au Vatican, et les accents de Paul font
toujours tressaillir le monde.

Comme Néron, les Domitien, les Valérien, les Dioclétien ont voulu arrêter le Christ avec les cheva-
lets et les bêtes féroces; et le Christ est passé : *Tran-
siens per medium illorum ibat !*

Julien l'Apostat a dit alors : « La force est impuissante : servons-nous de la ruse hypocrite; au nom du
progrès, faisons des enfants sans Dieu. » Et cette in-
vention satanique; et cette ruse hypocrite ont dû
s'écrier à leur tour : « Tu as vaincu, Galiléen ! tu as
vaincu ! *Vicisti Galilee !* »

Et tous les Néron, tous les Domitien, tous les Dioclétien, tous les Julien l'Apostat que l'enfer a vomis,

ont vu leur marteau s'user sur l'enclume ; et ceux d'aujourd'hui vont l'y user comme leurs pères, et nous voici en présence.

Eux, frères des Néron, des Domitien, des Dioclétien, des Julien l'Apostat !

Nous, frères des martyrs, nous, fils de Pie IX et de Léon XIII !

Nous, fils de la France (de Clovis, de Charlemagne et de saint Louis, de la France choisie de toute éternité pour être sur la terre le soldat du Christ.

La France ! ce grand champ de bataille où le Christ et Satan se disputent l'empire du monde.

La France ! où le Christ a toujours eu des héros de taille divine, et Satan des misérables de taille infernale : nous en avons eu, nous en avons.

Le premier entre tous, celui qui, plus que tous les autres, a la figure, le ricanement, l'esprit, la malice, la lâcheté, et aussi l'audace hypocrite de Satan, c'est Voltaire.

Ce monstre a vécu assez longtemps, et dans un milieu assez affadi, assez dégénéré pour créer comme une France satanique dans notre antique et belle France.

Il a créé la FRANCE VOLTAIRIENNE.

Le venin de ce serpent a été si subtil, si rapide que, tout-à-coup, la tête et le cœur de la France furent envahis ; et ces hommes, autrefois géants qui ne savaient pas fléchir sous leurs épées de six palmes, sous leurs casques d'airain et leurs cuirasses de fer, se sentirent atteints ; les bases de leur foi, de leurs vertus antiques s'ébranlèrent ; et eux, les fils des preux chevaliers restés debout pendant quinze siècles, la lance au poing, on les trouva poudrés, enrubannés et couchés sur des lits de Sardanapale !

La Révolution les rencontre là : ils s'y étaient endormis !...

Ils se réveillèrent sur l'échafaud !...

Ce sang, qui avait alimenté la volupté, coula de nouveau par les veines du sacrifice, et la noblesse française fut sauvée ! Elle tient fièrement aujourd'hui l'épée de la France et de Dieu.

La bourgeoisie garda le venin. Elle n'eut presque point part au sacrifice, et elle en eut une très-grande, une très-large à la Révolution !

Les Révolutions sont toujours filles de la jalousie. Satan, le père de toutes, s'écria un jour en face de Dieu : « Je veux renverser ton trône ! »

Il était jaloux.

La noblesse, elle aussi, s'écria plusieurs fois en face du trône : « J'ai des droits, des franchises féodales, je ne veux pas de maître.

La Noblesse était jalouse !

Louis XI le premier, Richelieu ensuite conjurèrent le péril.

La bourgeoisie qui n'avait que la troisième place dans les États de la nation, veut la première, et elle s'écrie en face du Roi, du clergé et de la noblesse : « Je veux être tout. Plus de trône, plus d'autel ! »

La Bourgeoisie était jalouse.

Et voilà qu'aujourd'hui, en face d'elle, le peuple s'est dressé ! Ce peuple qu'elle a arraché elle-même au trône et à l'autel : ce peuple sur qui elle a opéré par le venin comme Voltaire avait opéré sur elle-même.

O bourgeoisie (je ne parle que de celle qui est voltairienne et impie) ! O bourgeoisie criminelle, que fais-tu ? Qui t'a donc aveuglée ? En arrachant ton cœur au Christ, qui t'a donc si bien appris à creuser des abîmes ?

Te voilà acharnée à empoisonner par ton enseignement voltairien le peuple bien-aimé de ma chère France ! Tu veux en faire un peuple SANS DIEU, c'est ta grande, ta satanique entreprise! Et ton journal *le Voltaire* s'écrie : « TOUT HOMME QUI CROIT EN DIEU N'EST PAS UN HONNÊTE HOMME!... » Et le peuple, par Blanqui, répond : « NI DIEU NI MAÎTRE. » Et ces paroles ont été écrites en France, imprimées en France, affichées sur tous nos murs[1], pour faire écho au grand cri du patriarche : *Écrasons l'infâme!*

L'infâme qui sera écrasé, ce ne sera pas toi, ô Christ, ô le Dieu bien aimé de ma chère France! L'écrasement pour eux est prêt.

Les coupables ont créé eux-mêmes leur bourreau.

Le peuple est debout et la QUESTION SOCIALE est posée.

L'OPPORTUNISTE omnipotent disait : NON, l'imbécile!... la Commune répond OUI, et elle est là!...

Et la France et le monde sont irrévocablement perdus!... Que dis-je, oh ma chère patrie! non, non une espérance te demeure. La jalousie satanique n'a pas gagné le peuple tout entier. L'eau du baptême, seule de force à combattre le venin, coule encore sur le front de mon bien-aimé peuple! quelques fils de Satan, la Grande bête : *Magna bestia!* peuvent bien ne pas en vouloir, le peuple en veut encore.

Encore le peuple en masse laboure, et ce sol français, tout pétri de catholicisme, le rappelle au bon sens par son seul contact.

Encore, et ceci c'est le salut, le gardien par excel-

---

1. Une autre affiche infâme : *Un Pape femelle*, les y attendait. — *Mentons, mentons toujours*, les ignorants s'y laisseront prendre. — Bouillet lui-même, dans la première édition de son dictionnaire, ne s'y était-il pas pris? Se voyant mis à l'index, il vient à Rome; on lui prouve que toute la fable diabolique ne repose que sur le mot *fæmina* ajouté au nom du pape Jean VIII comme un blâme de sa bonté excessive pour Photius, qu'il croyait pouvoir arrêter ainsi sur la pente du schisme. — Tous les savants historiens, même protestants, l'affirment. — Mais tout est bon! faisons du bruit! en attendant remplissons nos bourses et volons des millions... Les Saltimbanques !!!

lence de ma chère France et de mon peuple bien-aimé, c'est le clergé catholique : le Pape, les évêques, les prêtres, les religieux et en particulier le clergé français. Tandis que l'Allemagne et l'Angleterre se voilaient de deuil et pleuraient sur leurs prêtres infidèles, le clergé français n'a jamais hésité ni faibli.

Il porte la France et par elle le monde, et pour fondement inébranlable, il a la PIERRE de granit : le Pape, et avec le Pape, le Christ!...

Voilà où en est le monde en 1880.

Et il y a des yeux fermés et ils ne voient pas! Il y a des ténèbres, et ces ténèbres ne comprennent pas!

« *Et tenebræ non comprehenderunt.* »

Faisons luire un rayon dans ces ténèbres

Ce rayon, Dieu, par un effet tout gratuit de son amour, l'a placé dans nos faibles et tremblantes mains.

Il doit luire aussi bien pour nos frères que pour nous.

Une mission allait finir; elle avait illuminé beaucoup d'esprits et ressuscité beaucoup de cœurs. Nous voulûmes, par un monument éternel, en perpétuer la mémoire.

C'était le soir, à Ligugé, près Poitiers, la ville des grands évêques et des grands chrétiens. La nuit était déjà venue, et elle était sombre; tous les habitants, un flambeau à la main, accompagnaient le splendide triomphe. La croix va être dressée!.... Toute bouche chante, tout cœur palpite!.... La Croix est debout!.... Le Christ paraît les deux bras étendus pour embrasser le monde et la tête inclinée pour le baiser!

Tout à coup, le Christ triomphateur veut s'affirmer : le même miracle qu'il avait accompli, dit la tradition, en faveur de saint Martin, apôtre de Ligugé, il le renouvelle pour ses fils bien-aimés. Un globe de feu, radieux comme un météore, paraît tout à coup et se balance sur la Croix !.... On applaudit, on tressaille, et plusieurs qui avaient résisté à la grâce de la mission se convertissent, et voici le plus merveilleux :

Un petit enfant pleurait lui aussi et depuis plusieurs heures; sa mère, très-pauvre, n'avait pu lui acheter un cierge pour la fête, et l'enfant se désolait. Mais Dieu, qui entend toujours l'enfant qui pleure, le lui offrit lui-même plus beau, plus grand, plus lumineux que tous les autres. Le globe de feu s'éloigne de la Croix, et, avant de disparaître, il vient vers le petit enfant. Sa mère pâlit, effrayée, éperdue; mais lui, le cher petit ange, se jouait avec le globe divin.

J'ai vu ces choses de mes propres yeux, j'ai confessé ces convertis et embrassé ce petit enfant; tout un peuple les a vus avec moi [1].

Il me semble que Dieu les renouvelle en ce moment.

La nuit n'est-elle pas plus sombre que jamais? et Dieu laisse-t-il jamais ses enfants sans lumière quand ses enfants pleurent et prient?...

Je priais, je pleurais, et qui n'aurait pas pleuré?

Je venais de voir la maison de Dieu violée, son sanctuaire souillé par des scellés !... Je venais de voir mes frères partir pour l'exil !... J'étais seul dans le réduit obscur où il a fallu cacher le Dieu du tabernacle, et c'est au moment où j'arrosais de mes larmes cette terre si sainte nouvellement profanée que la pensée m'est venue d'écrire ce livre; et que, comme dans un globe lumineux, le plan tout entier s'est montré à moi et a ravi mon âme; ma plume court, marche toute seule : *Calamus scribæ velociter scribentis;* et j'ai écrit ce livre.

Qu'il soit une espérance au milieu des tristesses,

---

1. Voir le compte rendu dans la *Semaine religieuse* de Poitiers, année 1876.

une force au milieu des combats, un rayon au milieu des ténèbres, une étoile au milieu de la tempête !

Oui, que tout s'illumine ! que tout tressaille et revienne au Christ, parce que dans le Christ seul est la lumière et, par la lumière, la vie.

In ipso vita erat et vita erat lux !

La lumière et la vie, nous l'avons dit, sont toujours et maintenant plus que jamais le prix d'un grand combat ! Ce grand combat commence ! Voici l'heure !

Le clairon a sonné et nous voici !

Nos portes, nos murailles viennent d'être assiégées, elles ont été ébranlées, elles ont fléchi sous le marteau et la hache ; mais nos cœurs n'ont pas été ébranlés, ils n'ont pas fléchi ; nos âmes sont trempées comme l'acier, et nos fronts, grâce au Christ, sont d'airain.

Nous voici :

Nous sommes sortis de nos couvents le front haut et serein ; les fils du mal, qui avaient brisé les portes, baissaient la tête, ils rougissaient sous les injures, et les fleurs pleuvaient sur nous. Et Dieu était exalté : *Accedet homo ad cor altum et exaltabitur Deus.*

Et on disait à nos défenseurs, à nos sublimes gardiens : « Vous êtes des insurgés, vous troublez la patrie. » Et comme leur vertu méritait la plus sublime des gloires, celle d'être captifs et prisonniers du Christ, on leur mettait les menottes aux mains et plusieurs sont encore devant les juges, et Dieu semble enchaîner les juges au fauteuil pour que la gloire de ces héros se prolonge et que l'humiliation des méchants dure et retentisse.

Et ils seront vainqueurs, surtout s'ils sont condamnés ! Et ils s'en iront joyeux comme les Apôtres, parce qu'ils auront été trouvés dignes d'être condamnés pour Jésus-Christ : *Ibant gaudentes a conspectu con-*

cili quoniam digni habiti sunt pro nomine Jesu contumeliam pati!

Nous sommes à cette heure de la lutte. Voici les pages qui la racontent : elles ont l'éloquence du fait, c'est la plus sublime.

La lutte n'est pas finie, il faudra ajouter de nouvelles pages... Certainement elle grandira, et nos accents grandiront avec elle, si Dieu ne nous a pas encore trouvés dignes d'immoler notre vie pour sa cause et d'aller chanter la victoire au ciel!

CHAPITRE PREMIER

L'ARTICLE 7

§ 1. — Les Deux Armées.

La France de Satan et la France du Christ.

La France de Satan, c'est la France de Voltaire. Il a dit, en parlant du Christ : *Écrasons l'infâme.*

La France du Christ est la France de saint Louis qui a combattu, qui est mort pour le Christ et qui a fait la France grande par le Christ. Voltaire est le type du laid, le type du mal; saint Louis c'est le type du beau, le type du bien. Tout ce qui ricane en face du Christ, tout ce qui insulte à la virginité et au courage, tout ce qui ment pour gagner quelque chose, tout ce qui se salit dans la turpitude du vice, tout ce qui vend la France à ses ennemis et en particulier aux Prussiens, tout ce qui est franc-maçon, tout cela est avec Voltaire, tout cela compose l'armée de Satan.

Cette armée a placé ses premiers retranchements dans l'enseignement impie, dans la presse impie, dans le suffrage universel organisé de manière à être menteur et impie, dans les maisons de dissolution, de jeu et d'agiotage; elle tient ses conciliabules, prépare tous ses plans, choisit tous ses hommes, donne son mot d'ordre dans les antres franc-maçonniques et elle vient de se pourvoir de préférence dans les bagnes en attendant de s'y réfugier.

Sur le drapeau elle a inscrit :

GUERRE A DIEU, et GUERRE A MORT

L'armée de la seconde France est debout, elle a placé son premier retranchement aux pieds du trône du Souverain Pontife, vicaire du Christ, seul remplaçant de Dieu sur la terre, seul infaillible dans les choses de Dieu, seul grand entre tous, seul vainqueur de tous.

Par lui et avec lui parle l'épiscopat et le sacerdoce catholique, et cette parole est la parole de vie, de force, de lumière et d'amour.

Les enfants y puisent l'intelligence, les femmes le dévouement, les hommes l'héroïsme et tous combattent à la fois : Pape, Évêques, Prêtres, Religieux, enfants, femmes et hommes ; oui, tous combattent, les uns par la parole, les autres par la plume, les autres par l'aumône, par la prière, par la pénitence, les autres enfin par l'épée, et le bataillon du Christ s'avance invincible.

Son drapeau est celui du cœur de Jésus et de la Vierge-Immaculée !.. celle-ci toute blanche et celui-ci tout ruisselant de sang. Voilà bien les deux Frances, nos ennemis eux-mêmes l'ont constaté.

Les deux armées se sont rapprochées et le combat commence.

Les portes de l'enfer s'ouvrent, Satan en sort à la tête de ses légions, la rage au cœur.

Pour engager la lutte et accomplir ses démolitions, il s'arme de l'article 7 comme d'une hache ; il en a la forme. Le superbe Jules Ferry a mis cette hache dans ses mains.

Un champion intrépide lui jette le gant, blanchi

dans les combats de la vérité, il a retrouvé toutes les ardeurs de sa jeunesse, il s'avance seul et il lui jette un défi. Écoutez-le.

« Tous ceux qui, pendant dix-huit ans, s'écrie-t-il, ont environné et soutenu de leurs sympathies bienveillantes mon apostolat de Notre-Dame de Paris, savent si j'ai jamais failli à la défense des grands principes qui portent les sociétés, et à l'attaque des grandes erreurs qui les menacent; et cela, alors que ni mes frères ni moi n'étions nullement en cause.

« Quelle que doive être d'ailleurs l'issue du combat, il y a quelque chose qu'il importe de défendre, même dans la défaite : ce sont les principes, la justice et le droit. La puissance de la force est aux mains de ceux qui se proclament nos adversaires et nous traitent en ennemis. Mais il nous reste une grande puissance encore : c'est la puissance de la parole, c'est la protestation des intelligences, c'est le témoignage des âmes, c'est cet empire de l'opinion qui gouverne le monde. Même quand les principes paraissent succomber un moment sous les oppressions de la force, il importe de les défendre toujours, afin de les retrouver debout dans les esprits, même après le passage de l'iniquité et le triomphe de l'injustice.

« Le nom de M. Jules Ferry, qui s'est fait lui-même la personnification de l'article 7, viendra nécessairement sous notre plume.

« Si notre parole semble s'animer quelquefois du feu de notre cœur, Dieu aidant, on ne sentira dans ces lettres que l'ardeur désintéressée qui nous pousse à la défense d'un principe, et non à l'attaque d'un homme [1].

« Quoi qu'il arrive, nous garderons la conscience de n'avoir cherché, dans la défense de notre cause, que l'honneur et la prospérité de cette grande patrie dont, nous aussi, quoi qu'on puisse dire, nous nous glorifions d'être les enfants dévoués. Et quand même

______

1. Lorsque dans ces pages un nom se rencontre, il faut oublier l'homme et ne penser qu'à l'erreur. Toujours, sous notre plume, guerre à mort à l'erreur, toujours indulgence et compassion pour ses victimes.

cette cause, qui est celle de la vérité, de la justice et de la liberté, devrait ne pas triompher, nous sortirons fiers de la lutte, parce que nous aurons fortifié dans les hommes de bon vouloir le sens du vrai, l'amour du juste et la résolution du bien [1]. »

Voilà bien comment parle la vérité et le courage. Nous connaissons maintenant les lutteurs. Assistons au combat, c'est une lutte corps à corps.

§ 2. — Le Masque est arraché.

M. Jules Ferry est à la tribune, sa crinière et ses favoris au vent; il exalte son Article 7, et voilà que tout à coup, dans un accès d'enthousiasme oratoire et franc-maçonnique, il brise sa trame, et démasque son jeu.

Je veux l'Article 7; je ne veux pas de Jésuites, parce que je ne veux pas deux Frances : la France *cléricale* et la France *moderne*. Je veux le triomphe complet de la France *moderne*; je veux l'anéantissement de la France *cléricale*.

Ces mots résument tout son discours à la tribune, tous ses discours dans les banquets tumultueux, tous ses discours partout.

Halte-là! M. le ministre; merci, c'est assez, votre masque est arraché !

Le motif avoué de votre Article 7, M. le ministre, c'est donc la guerre à ce que vous appelez : le *cléricalisme*. Mais ce mot n'est qu'un masque, le vrai mot le voici : Le *Catholicisme*, la *Religion*, oui : *Cléricalisme* ou *Catholicisme*, ou *Religion*, c'est la même chose.

Je sais bien que vous dites le contraire pour couvrir

1. *L'Article 7 devant la raison*, par le R. P. Félix.

votre jeu; mais c'est en vain, le masque est arraché, et ceci ne peut plus être un mystère pour personne; l'identification est complète, elle saute aux yeux de tous : M. Madier de Montjau, M. Paul Bert, vos amis, qui combattent à vos côtés, l'ont avoué solennellement, et tous vos actes le prouvent. Il n'est donc plus permis à personne, et à vous M. Jules Ferry moins qu'à tout autre, de nier l'identification de ces deux choses : RELIGION et CLÉRICALISME, France religieuse ou *cléricale*, France antireligieuse ou *laïque*.

Voilà la question bien posée, voilà la vérité vraie, voilà le fil conducteur de toutes les intrigues, de toutes les conspirations, de tous les plans sataniques de nos ennemis. Encore une fois, voilà le MASQUE ARRACHÉ.

IL FAUT ANÉANTIR LA RELIGION ET DIEU LUI-MÊME.

Si nous le disions franchement, le peuple serait effrayé; il faut le tromper; inventons un mot pour couvrir notre jeu. Ne disons pas : la Religion c'est l'ennemi, mais disons : le *Cléricalisme c'est l'en-nemi.*

Les cléricaux sont les ennemis de la société moderne, de l'idée moderne, de la France moderne.

§ 3. — Le Coup de lance.

Le masque une fois arraché, voici le grand coup de lance. M. Jules Ferry le reçoit en pleine poitrine. Écoutez :

« Je suis citoyen français! s'écrie le P. Félix. Mais peut-être Votre Excellence tient à savoir si, en même temps que citoyen français, je ne suis pas encore autre chose. Dieu me garde de dissimuler devant vous ce que je considère comme le plus grand honneur de ma vie. Eh bien! oui, je suis fils de ce Loyola dont le fantôme obsède aujourd'hui tant d'imaginations, et dont le nom seul semble donner à tant d'hommes faits des peurs d'enfant. Je suis jésuite, et c'est ma gloire. Comme nos martyrs disaient devant leurs bourreaux : Je suis jésuite.

« Donc, que Votre Excellence, derrière ma demande, veuille bien ne voir ni la robe blanche du dominicain, ni la soutane noire du jésuite, ni un spectre clérical quelconque : cette vision vraie ou fantastique troublerait la sérénité de son esprit, et plus ou moins l'empêcherait de bien entendre mes raisons. Clérical ou non, jésuite ou non, c'est un citoyen français qui prend la hardiesse confiante de demander à M. le ministre de l'instruction publique en France pourquoi il prétend interdire à des citoyens français la liberté de se vouer à l'enseignement de la jeunesse française, et quelles peuvent être, dans la pensée intime d'un homme qui parle d'affranchir et de relever la France, les raisons avouables de frapper d'ostracisme une fraction considérable des enfants de la France, et avec eux la très-grande majorité des pères et des mères de famille que porte la patrie française.

« Réfléchissez bien avant de répondre et prenez bien garde de ne pas tomber en *contradiction*.

« Eh bien! monsieur le ministre, cette humiliation, c'est la vôtre. »

Prenons, à notre tour, la lance du courageux et éloquent champion, et résumons en quelques mots les deux cents pages de son ardente et sublime Apologétique.

Oui! voici la CONTRADICTION où vous tombez, et cette contradiction vous écrase.

Vous dites : Depuis 89 nous sommes sous un régime nouveau et nous en sommes fiers. Depuis 89 le temps n'est plus aux priviléges, nous ne connaissons pas de religieux devant la loi, nous ne connaissons que des citoyens. Nous sommes le régime de la *Liberté*, de l'*Égalite* et de la *Fraternité*, voilà notre gloire!

C'est bien, Monsieur le Ministre, merci de cette superbe affirmation, je m'en sers comme d'une lance, et avec cette lance, je vais vous frapper au cœur.

Je me présente, et je réclame comme Français, avec mes diplômes et mes brevets en main, le droit d'enseigner quiconque veut entendre mes leçons, droit reconnu et consacré par la loi comme le droit de tous, et vous me dites : *Halte-là!* vous êtes religieux, vous êtes jésuite, dominicain, capucin! Vous n'avez pas le droit d'enseigner.

Mais, Monsieur le Ministre, prenez garde, vous vous mentez publiquement et formellement à vous-même : *Mentita est iniquitas sibi.* Vous tombez sous ce stigmate : LA CONTRADICTION.

Quoi! vous êtes le régime de la liberté, et la première chose que vous faites, c'est de me prendre ma liberté!

Vous êtes le régime de l'égalité, de l'égalité de tous devant la loi, et la première chose que vous faites, c'est de m'enlever le bénéfice de l'égalité!

Vous êtes le régime de la fraternité, et précisément, parce que nous nous sommes faits religieux pour vivre en frères, vous m'enlevez ce droit de vivre en fraternité!

Vous m'expulsez de l'enseignement, vous m'expulserez bientôt de mon couvent sans que je l'aie en rien mérité.

Les gouvernements que vous nommez despotiques et que vous avez renversés vous-même ne l'ont pas fait, n'ont pas osé le faire, et vous osez le faire et vous les faites !

Voilà le coup de lance en pleine poitrine. Mais ce n'est pas assez d'un coup de lance, pour un crime semblable, avant que notre blessé expire, il faut un plus humiliant, un plus terrible châtiment, il faut la potence.

§ 4. — La Potence.

Il est raconté dans les saints livres qu'un ministre fameux, grand-maître du palais, Aman était son nom, avait un orgueil satanique, il voulut être adoré et il y réussit, il y avait des lâches qui ne voulaient pas fléchir le genou devant Dieu et qui le fléchissaient devant lui : *Flectebant genua et adorabant Aman.*

Jamais homme plus rusé, jamais homme couvrant son orgueil d'un masque plus hypocrite, figurez-vous qu'il allait jusqu'à baiser les pieds d'Esther, contre laquelle cependant il avait préparé un arrêt de mort. Mais celui qu'il détestait entre tous c'était Mardochée, parce que celui-ci, homme d'intelligence, de prière et de courage, ne rampait pas devant lui; aussi une potence fut dressée et c'était devant sa propre demeure qu'il voulait pendre son ennemi pour rassasier sa vue de ses convulsions dernières et son œil de tigre couvait toujours sa victime.

Mais qu'advint-il ? O miracle de la justice et de la sagesse de Dieu ! Le roi Assuérus dit ce seul mot : « Qu'Aman soit pendu à la potence qu'il a dressée pour Mardochée. » Aman y fut pendu et tous les siens avec lui.

« *Suspensus est itaque Aman in patibulo quod paraverat Mardochœo.* »

« Nous n'en voulons pas à la religion, nous lui bai-

sons les pieds ; nous n'en voulons qu'à l'enseignement clérical et, par conséquent et avant tout, aux
jésuites, parce qu'entre tous ils donnent un enseignement clérical. L'Etat est en danger, la République
que est perdue si cet enseignement existe! « LE SUF-
FRAGE UNIVERSEL, D'AILLEURS, EST PASSIONNÉ CONTRE
LUI, L'ENSEIGNEMENT CATHOLIQUE SORT DE L'ALIGNE-
MENT. » *Textuel* [1].

L'alignement! mais c'est la caserne, c'est le commandement militaire clouant à leur place une file de
soldats sur une même ligne droite, sans bouger ni
desserrer les coudes! Fixe! portez arme! droit alignement! marche! ou la salle de police!... genoux
terre! devant M. le ministre de l'instruction publique et ses décrets!... ou la potence!

Jésuites, vous y serez demain; la potence est dressée. Voyez ce 7 de mon Article, vraie forme de potence!... et le journal officiel du maître, la *République
Française*, oubliant cette fois d'être opportuniste et
démasquant sa vraie figure de jacobin, encourageait
l'opération et applaudissait à l'avance, disant tout
doucereusement, tout mielleusement : « Il est temps
que la République cesse de se montrer aimable pour
les cléricaux. »

Merci de l'avertissement! quelle naïveté, la République aimable! la République de 93, aimable! la République des insurgés de juin, aimable! la République
du 4 Septembre et de la Commune, aimable! la République des Gambetta, des Jules Ferry, des Constans!
aimable! Merci de la naïveté! aimable! et déjà elle
avait supprimé l'aumônerie militaire, avait chassé
les Frères et les Religieux de leurs écoles, avait supprimé la loi du dimanche, diminué le traitement de

---

1. Voir les discours de Jules Ferry contre les jurys mixtes et
pour l'article 7.

nos Évêques, enchaîné l'administration de nos Fabriques, désorganisé l'armée, la magistrature, tous les services publics, poursuivant partout les cléricaux, faisant la chasse aux cléricaux, comme on fait la chasse aux loups ! et cet admirable journal nous dit :

« Il est temps que la République cesse de se montrer aimable pour les cléricaux. »

« M. Ferry, ami de mon maître, et ministre de ses hautes-œuvres, préparez la potence ! à la potence les Jésuites, à la potence les cléricaux ! » Quelle amabilité !

Sénateurs, prenez garde à vous, prenez garde que le *Maître* ne soit pas content de vous, et demain : En avant ! marche !

Le lendemain, 9 mars, la potence est dressée aux pieds de la tribune du Sénat, la France, l'univers entier la contemplent : Quelle sera la victime ? les Jésuites ?

Non ! non ! Dieu est juste ! Dieu seul est grand !

Une majorité de 148 voix contre 129, a repoussé l'Article 7.

Ferry, le cher Jules, l'aimable Jules y est pendu ! qui a tenu la corde pour le pendre ? Un autre Jules, devenu éternellement illustre par cette opération capitale : M. Jules Simon, désormais digne du nom de *clérical* [1].

1. Nous n'oublions aucun des glorieux défenseurs de la liberté à la tribune du Sénat ; oui nous félicitons tous ceux qui ont voté et surtout parlé contre l'inique Article 7. Aurait-on jamais cru pouvoir unir au nom de MM. Ravignan, Chesnelong, Baragnon, de Larcy, les noms de MM. Littré, Vacherot, Laboulaye, Wallon, Jules Simon, Dufaure, de Voisins-Lavernière, tous du camp républicain. M. Jules Ferry s'en souviendra, tous l'ont flagellé à l'envi : était-il mordant ce bon vieillard, M. Dufaure ! quels coups de verge quand il a rappelé les pérégrinations à travers la France de cette « personnalité voyageuse » essayant de placer son Article 7.

Tandis que le journal du Maître verse des larm
et prend le deuil, toutes les feuilles radicales haus-
sent les épaules et insultent. Le *Rappel* s'écrie : « Oh !
quel maladroit, a-t-on jamais vu plus d'imbécillité ! »
La *Lanterne :* « Oh ! quel désastre pour M. Ferry ! »
et le *Mot d'Ordre :* « M. Ferry a stérilement et niai-
sement agité le pays pendant plus d'un an, avec son
fameux Article 7, et voilà ce qu'en a fait le Sénat ! »

Et tandis que la *République française* pleurait et
que les journaux radicaux riaient, l'Église catholique
tout entière tressaillait d'allégresse, et chantait son
cantique de reconnaissance au Christ triomphateur.

Tout l'épiscopat, sans exception, avait fait entendre sa grande voix pour détourner la tempête ! Tous
les prêtres, tous les religieux, tous les fidèles avaient
prié, protesté ; plus de deux millions de signatures
étaient arrivées au Sénat.

Entendez la voix des pères chrétiens et des mères
chrétiennes

PROTESTATION DES PÈRES CHRÉTIENS

« Les catholiques français, MM. les sénateurs, sa-
« vent toute la soumission qu'ils doivent aux lois de
« leur pays ; mais ils savent aussi qu'avant *d'obéir*
« *aux hommes, ils doivent obéir à Dieu.* Or, il n'est
« rien que Dieu nous commande comme l'éducation
« chrétienne de nos enfants ; ne comptez donc pas
« que jamais ils reculent devant les luttes et les sa-
« crifices, pour arracher les âmes de leurs enfants
« aux périls qui les menacent. »

PROTESTATION DES MÈRES CHRÉTIENNES

« Nous, mères chrétiennes, nous revendiquons nos
« droits imprescriptibles : nos enfants nous appar-

« tiennent. A l'État, nous abandonnons leurs vies
« quand il s'agit de défendre la patrie, mais sans lui
« livrer leurs âmes, dont nous répondons devant Dieu.

« Nous protestons de toutes nos forces contre le
« projet qui menace de fouler aux pieds la liberté de
« nos consciences et les plus chères aspirations de
« nos cœurs.

« Si notre voix n'est pas entendue, nous nous en-
« gageons à redire sans cesse à chacun de nos fils, ce
« que l'illustre mère des Machabées disait au plus
« jeune des siens, après le martyre des six autres :
« Mon fils, ne crains pas le bourreau ; mais reste di-
« gne de tes frères, et meurs plutôt que d'offenser
« ton Dieu ! »

Quand on entend un tel langage et qu'on sent tressaillir ces cœurs, on comprend facilement l'immense
joie qui inonda toutes les âmes françaises dignes de
ce noble nom : c'était la joie d'une mère retrouvant
son fils qu'elle croyait perdu. Voici une page des
saints livres qui la peint au vif ; elle clôturera admirablement ce chapitre :

Un petit enfant venait de naître au milieu des fils
d'Israël ; sa mère ne put l'embrasser pour la première
fois, qu'en l'arrosant de larmes. Le tyran d'Egypte, où
vivaient captifs ces fils d'Israël, venait de décréter
que tout enfant premier né devait être jeté dans le
fleuve du Nil... Et cet enfant était le premier né de sa
mère... Et sa mère déjà le trouvait si beau !... Elle
réussit à le cacher pendant trois mois, mais il fallut
bien se rendre, la loi étant à la fois : *laïque, obligatoire* et *tyrannique*.

Pauvre mère !... Elle entoure de bitume un petit
berceau de joncs, elle y place l'enfant de son cœur en
le couvrant de baisers et de larmes, l'abandonne dou-

cement au courant des eaux et, toute tremblante, le suit des yeux ; en ce moment, la fille de Pharaon vient se baigner au fleuve. Oh ! surprise, elle voit un enfant dans un berceau tout près du rivage ; l'enfant, par ses vagissements, appelait sa mère. Oh ! cher enfant, s'écrie la fille du roi, je te prends pour mon fils, et elle cherche une nourrice. La vraie mère se présente sans décliner son nom, elle est acceptée. Nourrissez-moi bien cet enfant, lui dit la fille du roi et vous aurez une grande récompense : *Accipe puerum et nutri mihi.* Et la mère le nourrit avec une ineffable tendresse : *Suscepit mulier et nutrivit puerum.* »

Et l'enfant grandit et devint le sauveur et le législateur de son peuple.

Il avait été arraché à la *loi laïque* et *obligatoire*, il avait été arraché au *fleuve satanique* et *universitaire* où l'on voulait l'engloutir et il avait été remis par un miracle dans les bras de la religion, son unique, sa vraie, sa tendre mère !

La fille du roi, c'est la France,

Le jeune Moïse, ce sont nos enfants bien-aimés.

La mère, la nourrice, c'est l'Église catholique qui, seule, donne la vie et peut nourrir les âmes.

Il faut que la France sauve l'enfant du fleuve universitaire et l'arrache aux griffes de la marâtre pour le rendre à la mère.

D'ailleurs, qu'on le sache bien, comme conclusion pratique de ce chapitre sur l'Article 7, — qu'on peut appeler l'article universitaire, — je le proclame bien haut, appuyé sur les principes théologiques les plus incontestables.

Si l'Université adopte franchement *l'école sans Dieu*, et retire le christ des classes des lycées et des classes communales, si elle n'y admet plus la prière et l'enseignement du catéchisme, si elle remplace, en un mot, par l'irréligion franchement affichée, la

CHAPITRE DEUXIÈME

LES DÉCRETS

§ 1. — Nouvelle potence où ils seront tous pendus.

Voici la nouvelle potence; celle-ci est bifurquée; ce n'est pas pour rien. Elle peut servir en même temps de fourche pour enlever tous les religieux d'un seul coup et de potence pour les pendre tous à la fois. C'est vraiment un coup de génie infernal. Lisez. C'est le ministre de l'intérieur et des cultes, M. Charles Lepère, le protecteur par conséquent de la religion et des religieux qui parle; M. Jules Cazot, ministre de la justice, le défenseur par conséquent de tous les droits des citoyens parle avec lui et signe avec lui le préambule des décrets.

« Un recensement opéré en 1877 constate, disent-ils, l'existence de cinq cents congrégations non autorisées, comprenant près de vingt-deux mille religieux des deux sexes. »

Ces vingt-deux mille religieux sont citoyens français ne l'oubliez pas; ils paient exactement l'impôt et ne répandent que des bienfaits sur tout le sol de la patrie. MM. les ministres vont féliciter certainement la patrie de les posséder, tout le monde l'aurait cru; détrompez-vous, c'est pour les pendre à la potence, et pour quel crime :

Le préambule vous le dit : c'est la Chambre des députés et par conséquent c'est Gambetta, son président et son satrape, avec ses séides : Jules Ferry, Lepère, Cazot, etc.

Et qu'ont-ils tous ces messieurs ? et qu'est-il arrivé à cette pauvre Chambre ? Le préambule encore vous le dit :

« C'est la discussion de la loi de l'enseignement supérieur », c'est le triomphe de la liberté sur l'Article 7 qui en est la cause; tout est furieux, tout est dans la rage, Chambre, Gambetta, Ferry et consorts.

« La Chambre, dit toujours le préambule, confiante « dans le Gouvernement et comptant sur sa fermeté « pour appliquer les lois relatives aux congrégations « non autorisées « (c'est-à-dire pour expulser vingt- « deux mille religieux ou religieuses) » passe à l'ordre « du jour. »

De leur côté, Gambetta, Ferry et consorts le redisent à satiété. Tous les jours, depuis le triomphe de la liberté sur l'Article 7, la *République française* s'écrie : « Quoi qu'il arrive, la volonté nationale « triomphera » (j'aime beaucoup cette volonté nationale, la volonté de ces aimables messieurs !). « La « France ne veut plus d'un régime qui accorde des « priviléges aux congrégations religieuses : elle veut « s'arracher au joug du cléricalisme. »

Entendez la *Petite République :* « Le Sénat a voté « pour les Jésuites. La question cléricale n'est pas « enterrée pour cela : elle renaît plus impérieuse, plus « urgente. Dans le duel engagé entre la démocratie « et le cléricalisme » (j'aime beaucoup ce duel entre un fils et son père ! le clergé catholique n'a-t-il pas été, n'est-il pas et ne sera-t-il pas toujours le seul, le vrai père du peuple), « dans ce duel, ce n'est pas la démocratie qui « sera vaincue, NOUS EN FAISONS LE SERMENT. » (Style des Loges maçonniques.)

Donc, tout est réglé; et au nom de la *liberté,* de *l'égalité* et de la *fraternité,* les frères et amis concluent ainsi leur préambule :

« Nous sommes donc amenés, monsieur le prési-

« dent, à vous proposer deux Décrets pour faire ces-
« ser les ABUS signalés par le vote de la Chambre. Un
« premier Décret fixant le délai à l'expiration duquel
« les établissement de l'Ordre des Jésuites en France
« devront être fermés (ceci est radical!), et un second
« Décret réglant les formalités à remplir par toutes
« les autres congrégations non autorisées (Ceci est
« hypocrite!). Nous vous prions de vouloir bien les
« revêtir de votre signature.

> « *Le garde des sceaux, ministre de la justice,*
>> « Jules CAZOT.

> « *Le ministre de l'intérieur et des cultes,*
>> « Ch. LEPÈRE. »

Comment résister à des accents si persuasifs, si touchants?

M. Jules Grévy, président de la République, a un cœur si sensible! A la minute, les deux Décrets demandés sont confectionnés et parfaitement signés, parafés et insérés au *Bulletin des Lois* et au *Journal Officiel*.

PREMIER DÉCRET

ARTICLE PREMIER. — Un délai de trois mois, à dater du présent Décret est accordé à l'agrégation ou association non autorisée dite de Jésus pour se dissoudre et évacuer les établissements qu'elle occupe sur le territoire de la République.

Ce délai sera prolongé jusqu'au 31 août pour les établissements dans lesquels l'enseignement littéraire et scientifique est donné par les soins de l'Association à la jeunesse

Art. 2. — MM. les ministres sont chargés, etc.

Fait à Paris, le 29 mars 1880.

Jules GRÉVY.

(Et la signatnre des deux ministres.)

DEUXIÈME DÉCRET.

ARTICLE PREMIER. — Toute congrégation non-autorisée est tenue, dans le délai de trois mois, à demander l'autorisation légale.

Art. 2. — La demande d'autorisation devra être déposée au secrétariat des préfectures respectives. Il en sera donné un récépissé et transmise au ministre de l'intérieur et des cultes.

Art. 3. — A l'égard des congrégations d'hommes, il sera statué par une loi. A l'égard des congrégations de femmes, il sera statué par une loi ou par un décret rendu en Conseil d'État.

Art. 4. — Les congrégations, pouvant être autorisées par décret en conseil d'État, suivront les instructions réglées pour cela.

Art. 5. — Pour toutes les autres, voici les conditions d'autorisation.

Art. 6. — La justification que la résidence du supérieur est et restera fixée en France, et l'indication si l'association s'étend à l'étranger.

Art. 7. — A cette demande seront annexés : 1° la liste nominative de tous les membres; 2° l'état de l'actif et du passif, des revenus et des charges; 3° un exemplaire des statuts et règlements.

Art. 8. — Cet exemplaire des statuts portera la clause que la congrégation est soumise à la juridiction de l'évêque diocésain.

Art. 9. — Toute congrégation qui, dans le délai

indiqué, n'aura pas fait la demande d'autorisation avec les justifications prescrites à l'appui, encourra l'application des lois en vigueur.

Art. 10. — Les ministres sont chargés, etc.

Fait à Paris, le 29 mars.

JULES GRÉVY.

(Signature des ministres.)

Voilà les fameux Décrets ! Ils s'appuient sur des lois vermoulues prétendues existantes, et que des lois toutes neuves, très-actuelles et très-existantes ont parfaitement depuis longtemps réduites en poussière ; cette poussière est tombée dans les yeux de leurs malheureux auteurs, et ils ont signé certainement sans comprendre et sans voir qu'ils signaient par là l'arrêt de mort de leur gouvernement.

Voilà la potence bifurquée ; déjà deux ministres, Ch. Lepère et Freycinet, ont été enfourchés par elle et on les y a vus pendus. Le tour des autres ne tardera pas, car la potence est toujours debout.

C'est d'abord Me Rousse, du barreau de Paris, qui a commencé l'opération dans une Consultation admirable où la fermeté ne le cède en rien à la lucidité. Plus de deux mille magistrats et avocats de tous les barreaux de France l'ont signée avec lui ; mais celui qui en la signant a voulu y placer la couronne, c'est le patriarche, l'oracle du droit en France, M. Demolombe, doyen de la Faculté de droit de Caen.

Jamais peut-être la jurisprudence unie à l'honneur et à la science n'avaient fait entendre de pareils accents.

Ici, il ne faut pas analyser, il faut citer toutes ces paroles d'or.

Adhésion de M. Demolombe à la consultation de Mᵉ Rousse.

Tout a été dit, bien dit sur les questions que soulève l'application des décrets du 29 mars 1880, d'abord dans la célèbre consultation de MM. de Vatimesnil et Berryer, qui est demeurée comme un modèle de dissertation juridique, ensuite dans la non moins remarquable consultation de notre honorable confrère Mᵉ Rousse, qui en formera désormais l'inséparable complément.

Aussi, n'aurions-nous pris la plume que pour donner une adhésion pure et simple aux conclusions délibérées par notre éminent confrère, si nous n'avions tenu à affirmer avec plus d'énergie notre conviction personnelle, en formulant nous-même les raisons sur lesquelles elle s'appuie.

Ces considérations expliquent pourquoi nous donnons une adhésion motivée et pourquoi nous la donnons brièvement.

Le jurisconsulte uniquement préoccupé de la recherche du droit en vigueur, en matière de communautés religieuses, le seul que le pouvoir ou les particuliers puissent légalement appliquer, doit d'abord écarter tous les édits, ordonnances et arrêts antérieurs à la loi des 13-19 février 1790 et à la Constitution des 3-14 septembre 1791.

Priviléges et incapacités de l'ancien régime, faveurs et restrictions, tout a disparu pour faire place à un ordre de choses nouveau.

Sous une législation où la loi religieuse était la loi de l'État, où les vœux solennels entraînaient la mort civile, où le droit de la corporation, personne civile et établissement de mainmorte, absorbait les droits et jusqu'à l'individualité de ses membres, on comprend que le roi, évêque du dehors, pût mettre des conditions au concours du bras séculier, et interdire la formation d'une communauté religieuse.

Mais le jour où la loi constitutionnelle du pays eut proclamé qu'elle ne reconnaîtrait plus les vœux monastiques solennels, le jour où les Ordres religieux furent supprimés comme corporations, ce jour-là, toute la législation fondée sur la reconnaissance des vœux s'écroula toute entière.

C'est donc aux lois modernes qu'il faut uniquement s'attacher.

Le jurisconsulte qui doit négliger les lois de l'ancien régime ne doit pas se préoccuper davantage des décrets du 29 mars 1880.

Ces décrets n'ont pas pu avoir et n'ont pas, en effet, la prétention de modifier la législation en vigueur.

Une pareille proposition serait injurieuse, et notre respect même pour l'autorité dont ils émanent, nous fait un devoir de ne pas nous y arrêter.

Tout ce qu'on peut dire, c'est que ces décrets, impuissants s'ils visent des lois inapplicables, accusent par leur caractère exceptionnel une situation évidemment insolite, qui commande à tous un plus sérieux examen de la légalité alléguée, et impose au pouvoir exécutif une plus impérieuse obligation de faire appel à l'autorité judiciaire avant de recourir à la force.

Les lois surannées et les décrets récents mis à l'écart, il faut d'abord se demander quel est le droit commun de tous les Français; il faut rechercher ensuite s'il existe des lois d'exception privant un Français du droit commun, parce qu'il aura émis des vœux religieux.

Dans l'état de la législation actuelle, d'après les principes du droit privé et du droit public, voici d'une manière générale le droit commun de tous les Français :

Tout Français majeur est libre d'aller et de venir où il veut.

Tout Français majeur est libre de résider où il veut et avec qui il veut.

Tout Français majeur est libre de choisir le genre de vie qu'il veut.

Tout Français majeur est libre de disposer de sa propriété comme il veut.

Chacun professe sa religion avec une égale liberté.

L'enseignement est libre à tous les degrés.

La charité est libre dans toutes ses manifestations.

vue de la lói pénale, toutes les associations qu'elle n'atteint pas.

Or, l'article 291 n'interdit, sous peine d'amende, que les associations qui présentent ce triple caractère :

1° D'être composées de plus de vingt personnes ;

2° D'avoir pour but de se réunir tous les jours, ou à certains jours marqués, pour s'occuper d'objets religieux, littéraires, politiques ou autres ;

3° D'être formées sans autorisation du gouvernement ou en dehors dés conditions qu'il a plu à l'autorité publique d'imposer.

Il est évident que, pour se réunir tous les jours, « ou à certains jours marqués », les membres d'une association doivent avoir des domiciles séparés.

Donc, l'association qui a pour but la vie en commun, non-seulement ne tombe pas sous le coup de l'article 291, mais est reconnue licite par l'article 291 lui-même ; il n'était même pas nécessaire que le § 2 de l'article 291 expliquât que dans le nombre de personnes indiqué par cet article ne sont pas comprises celles domiciliées « dans la maison où l'association se réunit »; toutefois cette explication est décisive, et l'on se demande comment il serait possible de trouver des coupables dans une association dont aucun membre ne pourrait figurer au nombre des délinquants.

Aussi a-t-il toujours été reconnu par les jurisconsultes que l'article 291 ne pouvait atteindre ni une famille, si nombreuse qu'elle soit, dont tous les membres habitent sous le même toit, ni un atelier d'ouvriers, si nombreux qu'ils soient, qui vivent d'une vie commune, ni aucun groupe d'individus, qu'aucun lien de parenté ne rattache les uns aux autres, mais que rapproche seulement la conformité des goûts ou des besoins, et qui partagent, par économie ou pour toute autre cause, la même vie dans un même domicile.

Une association domiciliée, par suite ostensible et permanente, n'a pas été considérée comme un danger pour la société.

La loi du 10 avril 1834 n'a rien innové quant à l'immunité du domicile commun,

En déclarant « les dispositions de l'article 291 du code pénal applicables aux associations de plus de vingt personnes, alors même que les associations seraient partagées en sections d'un nombre moindre et qu'elles ne se réuniraient pas tous les jours ou à des jours marqués, » l'article 1er de la loi du 10 avril 1834 n'a pas eu, pour but ou pour résultat de porter atteinte à la liberté de la vie en commun ; mais il a voulu déjouer les fraudes du sectionnement des associations et de l'irrégularité calculée de leurs réunions.

Les sections d'associés supposent toujours et nécessairement des associés non domiciliés dans une même maison, puisque les personnes domiciliées dans une même maison ne comptent pas dans le nombre exigé pour l'existence du délit, et la loi de 1834 n'a pas substitué le nombre des sections au nombre des associés. L'existence même d'une direction commune entre ces sections, qui, si la société était secrète, constituerait un délit spécial, ne pourrait, en l'absence de ce caractère, tomber sous le coup de l'article 291 complété par la loi de 1834.

L'article 291 complété par la loi de 1834 n'atteint pas, en effet, toute espèce d'association, mais seulement les associations ayant pour objet de se réunir.

Donc, pas de loi pénale frappant la vie commune au domicile commun.

Pas davantage de loi de police.

« La police, dit l'article 16 du Code des délits et des peines du 3 brumaire de l'an IV, est instituée pour maintenir l'ordre public, la liberté, la propriété, la sûreté individuelle.

« Art. 18. — Elle se divise en police administrative et en police judiciaire.

« Art. 19. — La police administrative a pour objet le maintien habituel de l'ordre public dans chaque lieu et dans chaque partie de l'administration générale : elle tend principalement à prévenir les délits.

« Art. 20. — La police judiciaire recherche les délits que la police administrative n'a pu empêcher de commettre et en livre les auteurs aux tribunaux chargés par la loi de les punir. »

Il ne saurait être question, d'après le droit commun, de l'action de la police judiciaire là où il n'y a pas de délit à déférer aux tribunaux.

Et quant aux pouvoirs de la police administrative, ils expirent au seuil du domicile, lequel est inviolable.

Voilà le droit commun formulé dans l'ensemble de ses principes généraux, et dans son application spéciale au droit de vivre en commun dans un même domicile.

La participation au droit commun de tous les Français est-elle refusée à ceux qui ont émis des vœux religieux?

Y a-t-il une loi d'exception qui les exclue de la jouissance des libertés et de la protection des garanties communes et qui les frappe ainsi d'une véritable excommunication civile?

Pour l'honneur de notre législation, nous répondons fermement : Non! Il n'y a pas de loi pénale qui transforme en délit un acte religieux du domaine de la conscience.

Non! Il n'y a pas de loi de police qui soumette au régime de l'arbitraire toute une classe de citoyens, parce qu'ils suivent librement les conseils de l'Évangile!

Il n'y a pas de loi pénale qui interdise de prononcer des vœux religieux sous une peine quelconque.

La loi des 13 et 19 février 1790 qui a déclaré que la loi constitutionnelle ne reconnaissait pas les vœux solennels, en retirant la sanction du pouvoir civil au lien religieux, l'a laissé dans le domaine inviolable du for intérieur, sous la protection du principe de la liberté de conscience.

La loi du 18 avril 1792 elle-même, qui abolit les costumes ecclésiastiques et religieux, ne punit pas l'émission des vœux religieux, et nous croyons pouvoir affirmer qu'à aucune époque, même la plus sanglante et la plus tyrannique de notre histoire, l'émission des vœux religieux n'a été prévue et punie comme un crime, comme un délit ou comme une contravention.

La loi ignore les vœux religieux, comme elle ignore les opinions religieuses, comme elle ignore les faits de pure conscience.

S'il en est ainsi, comment la loi pourrait-elle exclure du droit commun un Français pour un fait de conscience qu'elle déclare ignorer, et qu'aucun officier de police judiciaire ou administrative ne peut surveiller pour le prévenir, ou rechercher pour le poursuivre ?

Mais si les vœux restent ignorés de la loi, la formation d'une association religieuse pour vivre en commun dans un domicile commun et sous une règle commune ne constitue-t-elle une infraction à la loi pénale ?

La raison indique qu'il n'en peut être ainsi ; car l'émission des vœux étant la condition caractéristique de l'existence d'une communauté religieuse, si l'existence d'une communauté religieuse constituait une infraction à la loi pénale, l'émission des vœux constituerait un des éléments de l'infraction.

Mais passons : il peut exister des lois illogiques.

Ces lois illogiques n'existent plus.

Ni la loi des 13-19 février 1790, ni la loi du 18 août 1792 ne prononcent de pénalité.

Ces deux lois laissent même subsister comme associations à titre individuel les communautés régulières et séculières qu'elles suppriment comme corporations et établissements de main-morte.

Il faut aller chercher une loi pénale dans un décret impérial du 3 messidor de l'an XII, rendu d'ailleurs en violation des lois constitutionnelles, et qui n'a omis qu'une chose, indiquer la peine que devraient requérir les procureurs généraux et procureurs impériaux chargés de poursuivre les contrevenants par la voie extraordinaire, suivant l'exigence des cas.

Mais ce décret, illégal et arbitraire dans son origine et dans sa teneur, réputé constitutionnel par fiction, et qui n'était qu'une menace impuissante devant un tribunal régulier ou qu'un audacieux retour au régime des prisons d'Etat, a été, comme la loi pénale, abrogé par le Code pénal de 1810, dont les articles 291 et suivants ayant réglé la matière des associations illicites, s'occupant d'objets religieux ou autres, ont nécessairement abrogé les dispositions pénales antérieures concernant ces associations.

Il eût été abrogé au besoin par l'article 63 de la

Charte de 1814 et par l'article 54 de la Charte de 1830, qui abolissait à jamais les tribunaux extraordinaires.

La preuve péremptoire de cette abrogation, c'est que la loi du 24 mai 1825 a considéré l'existence de fait des congrégations de femmes comme un titre privilégié à la reconnaissance légale; c'est que la loi du 15 mars 1850 a admis les membres des congrégations non autorisées à l'exercice de l'enseignement primaire et secondaire.

C'est que la loi du 12 juillet 1875 les admet à l'exercice de l'enseignement supérieur.

C'est enfin que depuis soixante-dix ans, le décret de messidor n'a pas été mis en mouvement une seule fois par le ministère public.

Il n'existe donc pas de loi pénale en vigueur atteignant les congrégations religieuses à domicile commun.

Existe-t-il une loi de haute police permettant au pouvoir exécutif de dissoudre les congrégations à domicile commun, par voie d'acte gouvernemental?

Si une telle loi existe contre les religieux, elle doit être claire et formelle; car elle permet non-seulement au pouvoir de porter la main sur toutes les libertés qui sont le patrimoine commun de tous les Français, mais elle les lui livre toutes sans conditions, sans jugement et sans recours.

C'est l'absolutisme à sa plus haute puissance.

Il suffira d'un décret contresigné par un ministre, et l'inviolabilité de domicile s'évanouira!

Un officier de police administrative sans mandat de justice, pourra faire briser les portes extérieures et intérieures d'une maison habitée par des citoyens paisibles et innocents de tout délit!

Il suffira d'un décret contre-signé par un ministre, et l'inviolabilité du for intérieur, ce domicile de la conscience, s'évanouira. Un officier de police administrative interrogera un citoyen français sur ses engagements envers Dieu!

Il suffira d'un décret contresigné par un ministre et la liberté individuelle s'évanouira. Un officier de police administrative mettra la main au collet d'un citoyen français... pour le conduire devant le magistrat! Non, pour l'expulser de chez lui.

Il suffira d'un décret contresigné par un ministre, l'inviolabilité de la propriété s'évanouira. Un officier de police administrative mettra les scellés sur la porte d'une maison et dépossédera le propriétaire !

— J'invoque la longue possession ! dira l'expulsé.

On lui répondra : La tolérance ne prescrit pas contre le droit de la haute police.

— J'invoque mes droits de citoyen français.

On lui répondra : « Vous obéissez peut-être à un supérieur étranger ! »

— Je suis né libre sur une terre libre, et je n'ai violé aucune loi.

On lui répondra : « Vous êtes suspect. »

— Je demande des juges.

On lui répondra : « Entre vous et le pouvoir, il n'y a pas de juges. L'acte gouvernemental ne comporte pas de contentieux. »

— Je subis la force, mais j'agirai en responsabilité civile.

On lui répondra : « Le ministre couvre ses subordonnés et le décret couvre le ministre. Contre un acte gouvernemental, il n'y a pas de responsabilité civile. »

Nous le répétons : si une telle loi existe, elle doit être claire et formelle.

Nous la trouverions sous la Constitution impériale, nous dirions : C'est la loi organique du despotisme, et elle a péri avec lui.

Nous la trouverions sous la Charte de 1814, nous dirions : C'est la conséquence de l'article 14, et elle a péri avec lui.

Il nous la faudrait trouver, claire et formelle, sous un gouvernement constitutionnel, monarchique ou républicain.

Eh bien ! nous ne la trouvons nulle part.

Nous ne la trouvons pas sous la Constituante.

La loi de 1790 « supprime les ordres et congrégations réguliers pour le présent et pour l'avenir. »

Comme établissement de main-morte, la corporation est détruite ; mais la vie en commun reste libre.

« Il sera indiqué des maisons où seront tenus de se retirer les religieux qui ne voudront pas profiter de la disposition des présentes. »

Où est le texte qui donne à la haute police le droit de disperser les associations de fait à domicile commun ?

Nous ne le trouvons pas sous la Législative, même après le 10 août.

La loi du 18 août 1792 achève l'œuvre commencée en supprimant les « ordres et congrégations séculiers pour le présent et pour l'avenir. Un Etat vraiment libre ne doit souffrir dans son sein aucune corporation, » disent les considérants du décret. Mais l'article 2 et l'article 3 portent que dans les hôpitaux et les établissements d'enseignement, les mêmes personnes continueront le service des pauvres et l'exercice de l'enseignement à titre individuel.

Où est le texte qui donne à la haute police le droit de disperser les religieux vivant de la vie religieuse à titre individuel dans un domicile commun ?

Nous ne trouvons pas ce texte clair et formel dans les lois organiques du concordat.

L'article 11 de la loi du 18 germinal an X supprime tous les établissements ecclésiastiques, autres que les chapitres cathédraux et les séminaires. Tous les établissements de main-morte sont supprimés.

Soit ! Mais où est le texte qui donne à la haute police le droit de disperser des individus vivant de la vie religieuse dans un domicile commun ?

Ce texte clair et formel, le trouvons-nous dans la législation des décrets-lois de l'empire ?

Le décret du 3 messidor de l'an XII renferme deux parties distinctes :

La première partie constitue un acte gouvernemental à la manière du premier empire.

L'article 1er déclare dissoutes certaines sociétés nommées au décret et toutes autres congrégations ou associations formées sous prétexte de religion, et non autorisées.

L'article 2 dispose que :

« Les ecclésiastiques composant lesdites congrégations ou associations se retireront, sous le plus bref délai, dans leurs diocèses, pour vivre conformément aux lois sous la juridiction de l'ordinaire. »

Cette première partie du décret renferme un acte du gouvernement et non une loi.

C'est un fait politique inspiré par la raison d'Etat, et rien de plus.

Il ne crée pas même un précédent pour un gouvernement constitutionnel « où il n'y a pas d'autorité aux dépens des lois. »

La seconde partie du décret affecte le caractère d'une disposition générale, statuant pour l'avenir, c'est-à-dire d'une loi.

L'article 4 porte qu'aucune agrégation ou association d'homme ou de femmes ne pourra se former à l'avenir sous prétexte de religion, à moins qu'elle n'ait été formellement autorisée par un décret impérial sur le vu des statuts et règlements, selon lesquels on se proposerait de vivre dans cette agrégation ou association.

L'article 6 dispose que les procureurs généraux près les cours et les procureurs impériaux seront tenus de poursuivre, même par voie extraordinaire, suivant l'exigence des cas, les personnes de tout sexe qui contreviendraient au présent décret, qui sera inséré au *Bulletin des Lois*.

L'article 7 charge le grand juge, ministre de la justice, et le conseiller d'Etat, de toutes les affaires concernant les cultes, de l'exécution du décret.

Il ne nous paraît pas possible d'admettre que ce décret-loi ait, pour l'avenir, attribué à la haute police de l'empire un droit de dissolution sans conditions, sans formes et sans recours.

Il nous paraît, au contraire, que l'empereur a voulu édicter une loi pénale arbitraire, sanctionnée par une poursuite à l'extraordinaire, confiée aux procureurs généraux, sous l'autorité du grand juge, ministre de la justice.

Nous voyons bien qu'il n'y a plus qu'un simulacre de justice, comme il n'y avait qu'un simulacre de loi ; mais nous ne voyons pas que l'empereur s'arroge un droit que la monarchie absolue n'a exercé qu'en exécution des arrêts des parlements.

Ce qu'il y a d'absolument certain, dans tous les cas, c'est que l'article 292 du Code pénal de 1810 aurait restitué à la justice ordinaire le droit de dissoudre les associations illicites.

« Toute association de la nature ci-dessus exprimée qui se sera formée sans autorisation, ou qui, après l'avoir obtenue, aura enfreint les conditions à elle imposées, sera dissoute.

« Les chefs, directeurs ou administrateurs de l'association seront, en outre, punis d'une amende de 16 francs à 200 francs. »

Car voici l'inéluctable dilemme qui écarte, en toute hypothèse, la dissolution par voie de haute police :

Ou l'association à domicile commun est licite, ou elle ne l'est pas.

Si elle est licite, elle ne peut être dissoute par aucune autorité.

Si elle est illicite, elle ne peut être dissoute que par le tribunal correctionnel, suivant les formes et sauf les recours déterminés par la loi.

En résumé, la liberté individuelle, l'inviolabilité du domicile, le respect de la propriété sont placés, en vertu du droit public français, sous la sauvegarde des lois et des tribunaux, en dehors et au-dessus de l'atteinte du pouvoir exécutif.

Il faut un jugement de condamnation, en vertu d'un texte de loi pénale, pour que la surveillance de la haute police puisse s'exercer sur un Français.

Il faut perdre la qualité de Français ou ne l'avoir jamais acquise, pour être placé sous le droit de haute police qui permet d'expulser l'étranger du territoire français.

Il faudrait un texte de loi formel, et ce texte n'existe pas, pour mettre hors la loi commune des Français dont les droits individuels n'ont subi aucune atteinte.

Ce qui trompe les esprits prévenus ou superficiels, c'est la confusion entre les règles du droit civil et les règles du droit pénal.

En droit civil, les communautés religieuses non autorisées à domicile commun ou à domiciles séparés, n'ont pas d'existence légale.

Elles ne peuvent ni recevoir, ni acquérir, ni posséder, ni ester en justice ; elles ne sont pas !

Au point de vue purement civil, tous les textes de loi que nous avons examinés au point de vue pénal, et qui déclarent les communautés supprimées comme personnes civiles, sont restés en vigueur et reçoivent journellement leur application.

Mais si le droit civil, distinguant la personnalité d'une association de la personnalité des individus qui la composent, refuse absolument de reconnaître l'être collectif, il ne s'ensuit pas que la loi pénale, qui ne peut atteindre que les personnes des associations pour les punir, ait action sur les membres d'une association non reconnue.

Entre l'existence légale, qui confère le privilége de la personnalité civile, à l'être collectif et la prohibition pénale, qui constitue les personnes associées en état de délit, il y a toute la distance qui sépare une faveur d'une peine.

Les membres de communautés religieuses ne peuvent encourir de peines, parce qu'ils ne réclament pas de faveur.

Ils sont libres de se contenter du droit commun.

Tel est l'état du droit en vigueur.

Que si le régime de droit commun, si conforme pourtant à l'esprit de nos institutions, à l'état de nos mœurs, aux principes de liberté et d'égalité, qui forment la base de notre droit public et privé, et qui sont l'expression des téndances les plus accentuées de notre caractère national, constitue, en matière d'association religieuse, un danger pour les familles et l'État, qu'on propose une loi au Parlement.

Le pouvoir arbitraire est le moins sûr gardien de la sûreté publique ; il est aussi funeste aux gouvernants qui l'exercent qu'aux particuliers qui le subissent.

Une loi et des juges ! *Forum et jus.*

C'était la devise du plus illustre avocat des temps modernes. C'est aussi la devise des véritables amis du droit et de la liberté.

Délibéré à Caen, le 28 juin 1880.

DEMOLOMBE.

Après la magistrature et le barreau, c'est le cri du bon sens populaire. Nous l'avons fait entendre nous-même dans l'appel suivant, qui se répandit avec la rapidité de l'éclair.

Appel au bon sens et à la justice contre la violotion de la liberté individuelle par les décrets du 29 mars.

Tout l'échaffaudage des décrets du 29 mars repose sur ce sophisme placé en tête du rapport :

« C'est un principe de notre droit public qu'une Congrégation religieuse ne peut pas exister en France, si elle n'est pas autorisée. »

Le bon sens répond :

OUI, si les membres de la Congrégation veulent jouir, en cette qualité, des priviléges que le gouvernement accorde aux Congrégations autorisées.

NON MILLE FOIS NON, si les membres de cette Congrégation veulent se contenter du droit commun, qui autorise tout Français à demeurer où il veut, à s'habiller comme il l'entend, et à suivre le régime qui lui convient le mieux.

C'est absolument comme si on portait le décret suivant :

ARTICLE PREMIER. — Tous les Français devront, dans l'intervalle de trois mois, se faire autoriser à porter leur nom et leur habit, à demeurer dans leur maison et à mener le genre de vie qu'ils ont adopté.

ATR. 2. — Cette autorisation sera refusée à tous ceux dont le nom, l'habit ou le régime, n'auront pas l'avantage de plaire à la majorité de la Chambre des députés.

ART. 3. — Tous ceux qui, dans trois mois, n'auront pas obtenu cette autorisation, seront expulsés de leur demeure.

Quel est celui qui oserait, en vertu de ce décret, aussi illégal que tyrannique, essayer de m'arracher de mon domicile ?

Armé du Code pénal, j'arrêterais à la porte de ma

demeure l'exécuteur de la loi qui en serait devenu le violateur, et je lui dirais :

« Gardez-vous de franchir le seuil de mon domicile : car si vous attentez à ma liberté, il y a pour vous, outre les dommages-intérêts, la dégradation civique (art. 114-117), et, pour le ministre qui vous envoie, il y a le bannissement (art. 115). »

Le 29 juin prochain, ce cas de violation illégale de domicile doit se réaliser pour plus de cent mille Français.

Le lendemain, si la France ne proteste pas, un nouveau décret peut le renouveler pour cent mille autres.

Ce que le radicalisme fait aujourd'hui contre les Religieux, le socialisme s'apprête à le faire, avec la même justice, contre les bourgeois et les propriétaires.

Tous les droits se tiennent, et celui qui laisse violer aujourd'hui ceux de son voisin, consent à ce que ses propres droits soient violés demain.

Il n'y a donc pas un moment à perdre : il faut que tous les bons Français s'unissent, pour former, contre la tyrannie jacobine,

LA LIGUE DU DROIT ET DE LA LIBERTÉ.

A ce cri du bon sens s'unirent toutes les voix de l'Épiscopat, du Sacerdoce, des Fidèles. La Presse catholique fit retentir chaque jour le tocsin d'alarme; mais la protestation la plus grande, la plus sublime fut l'abstention absolue de tous les corps religieux, grands et petits, pour toute demande d'autorisation.

Jésus, notre Dieu et notre Maître, devant Caïphe, Hérode et Pilate se sachant condamné à l'avance, nous avait donné ce grand exemple : *Jesus autem tacebat.*

Il revendiquait ainsi lui-même ses droits de citoyen et vengeait sa dignité divine outragée par les trois concupiscences à la fois incarnées dans ces trois Juges : l'orgueil dans Caïphe, l'amour des voluptés dans Hérode, la cupidité, la crainte de perdre sa place dans Pilate.

Oui, nous nous sommes tus, et ce n'était ni la peur de ne pas obtenir l'autorisation, puisqu'on nous suppliait de la demander, ni l'entêtement, ni la révolte : c'était bon sens, sagesse et dignité.

Bon sens. — Fallait-il quitter un terrain très-clair solide et légalement assuré, celui du *droit commun*, à tout citoyen, pour se jeter dans d'aventureuses concessions et se forger peut-être des chaînes ?

Sagesse. — Pouvions-nous séparer notre cause de celle de nos frères, qui allaient être foudroyés sans raison et sans retour ?

Dignité. — Pouvions-nous demander une autorisation à laquelle on mettait à l'avance, et d'une manière vraiment dérisoire, des conditions absolument impossibles : 1º celle d'anéantir nos constitutions et nos statuts en renonçant à nos supérieurs généraux, établis de tout temps à Rome, près du Pape. et à nos priviléges vis-à-vis de l'Ordinaire; 2º celle de soumettre ces mêmes constitutions et statuts, dictés par le Saint-Esprit, à la délibération et à l'approbation d'une Chambre maçonnique inspirée par Satan. Tout le monde comprenait parfaitement notre silence et surtout notre admirable union dans le silence, et cependant nos gouvernants s'en étonnaient, et tout le monde s'étonnait de cet étonnement.

Maintenant que tout est dit et que tout est démontré, marcheront-ils en avant ? oseront-ils consommer l'iniquité ?

La France se le demande avec anxiété, et l'univers entier attend. S'ils marchent, ils sont inexorables !

Ils savent parfaitement que ces décrets sont un acte inique, aussi inique et plus encore que l'Article 7. M. Grévy et M. Gambetta n'ont-ils pas écrit eux-mêmes, en 1870, des lettres où ils reconnaissent le droit des religieux de vivre en France réunis ensemble au titre de citoyens? D'ailleurs, s'il y a des lois si *existantes* contre eux, pourquoi faire des décrets? pourquoi demander l'Article 7? pourquoi faire, avec un entêtement et une hypocrisie satanique et calculée, le perpétuel contre-sens du mot autorisation, quand ce mot, légalement en France, ne peut signifier que *faveurs* spéciales, qu'on est libre de demander ou de ne pas demander?

M⁰ Rousse et M. Demolombe ne l'ont-ils pas dit sur tous les tons?

Les malheureux! ils vont marcher : la Franc-Maçonnerie est là; le mot d'ordre est donné, Satan le veut!

Ils sont sans excuse, ils pèchent en pleine lumière. Les malheureux! N'est-ce pas là le terrible péché contre le Saint-Esprit dont parle l'Évangile, qui n'est pardonné ni dans ce monde, ni dans l'autre? Et l'ex-communication avec la malédiction de Dieu, ignorent-ils qu'elle va tomber sur eux par le seul fait?

Que la France se voile de deuil en lisant les pages qui vont suivre, et que les criminels se cachent et n'osent jamais les lire! Ce sont les pages du LIVRE D'OR DES PROSCRITS. Ils ne doivent jamais les souiller de leurs regards.

CHAPITRE TROISIÈME

LES EXÉCUTIONS

§ 1. — Les Jésuites.

Une question ici se pose d'elle-même. Pourquoi les Jésuites ont-ils eu l'honneur insigne d'être attaqués les premiers, pourquoi un décret spécial pour eux, pourquoi même, car c'est la réalité, étaient-ils seuls visés par l'ennemi, les autres ordres n'ayant été frappés que parce qu'ils n'ont pas demandé l'autorisation tandis que les Jésuites étaient condamnés à mort sans rémission et à l'avance ?

Il faut répondre à cette question, et je suis heureux d'être désintéressé pour le faire sans embarras et dire bien tout ce que pense mon cœur, un Jésuite aurait à craindre d'être trop fier de son honneur et de sa vocation sublime.

Oui, elle est sublime cette vocation, et elle renferme à elle seule tout un plan divin ; faire connaître ce plan divin ou répondre à la question posée, c'est une seule et même chose. Ce plan divin le voici : il est tout entier dans cette grande parole de l'apôtre.

« Jésus s'est fait obéissant jusqu'à la mort et à la mort de la croix, voilà pourquoi Dieu l'a exalté. »

« *Jesus factus est obediem usque ad mortem et ad mortem crucis, propter quod Deus exaltavit illum.* »

Vous le voyez, le monde avait été perdu par un acte de désobéissance, de révolte, il a dû être sauvé par un acte d'obéissance et d'entière soumission.

Jésus, le sauveur du monde n'a pu donc être qu'une incarnation, une victime d'obéissance; il a préféré sacrifier sa vie sur la croix que de sacrifier l'obéissance, et Dieu son père l'a exalté, c'était justice.

Or, il est arrivé un moment solennel dans l'histoire du monde, où le Christ régnant sur la terre, Satan a voulu lui disputer son Empire, lui arracher son sceptre, lui briser sa couronne; pour cela, il s'est incarné dans l'homme le plus orgueilleux, le plus désobéissant de son époque, dans Luther, le père de la révolte moderne, de la révolution moderne, Luther, qui sous le voile menteur du mot de la liberté dont il a profané le nom sublime, a trompé et séduit tant de victimes !

Qu'a fait le Christ pour défendre son Église ? Il s'est incarné à son tour dans un homme. Il l'a choisi d'un caractère de fer, d'une énergie de volonté indomptable, et il a mis cet homme en face de l'obéissance, de l'obéissance jusqu'à la mort, jusqu'à la mort de la croix. Cet homme, pour l'amour du Christ et pour obéir au Christ, a broyé son caractère, a broyé sa volonté indomptable, et il est devenu le père de l'obéissance, le père de la réaction contre la révolution moderne. Cet homme s'appelle: IGNACE DE LOYOLA.

Au moment où Luther, brûlait sur la place de Wittemberg la bulle du Pape, Ignace de Loyola suspendait à Monsarrat, à l'autel de la Sainte-Vierge, la mère de l'obéissance, son épée de capitaine; il y faisait sa veillée d'armes, et y devenait le chevalier de la sainte, de la divine, de la sublime obéissance.

Il put former dès lors une Société toute pétrie d'obéissance et par conséquent de raison, de sagesse, de science et de vertu.

A cette Société, Jésus faisait l'honneur de donner son nom et de lui confier, en particulier, l'éducation de la jeunesse, cette jeunesse tant aimée de son divin cœur, cette jeunesse qui est l'humanité en germe, et qui, comme l'humanité, doit surtout vivre d'obéissance et de vertu.

Et Satan, furieux, préparait à cette Société la mort et toujours la croix, toujours la persécution, et cette Société, la seule entre toutes, a été mise à une épreuve grande entre toutes. Un jour, par le Saint-Pontife, Dieu lui demande, comme il l'avait demandé à Jésus, le sacrifice de sa vie. Placée entre ce sacrifice et l'obéissance, elle n'a pas hésité un seul instant : le sacrifice de la vie, elle l'a fait, douce comme l'agneau du Calvaire ; mais celui de l'obéissance, jamais !

Soyez étonnés, maintenant, que Dieu l'exalte, entre toutes, en lui donnant la gloire grande entre toutes : celle d'être la première au combat, celle d'être toujours persécutée pour son amour. Maintenant, vous savez la raison du mystère.

Chaque fois que le règne de Satan s'affirme, la persécution contre les Jésuites s'affirme. Mais comme il est écrit : *Propter quod exaltavit illum*, « et à cause de cela elle sera exaltée, » vous êtes certain que lorsque la persécution contre les Jésuites commence, le règne de Satan va finir.

Les Jésuites ont dans l'univers catholique soixante-six établissements et deux mille quatre cent soixante-quatre membres.

Sur deux mille quatre cent soixante-quatre Jésuites français, six cent vingt-quatre, c'est-à-dire plus quart, sont dans les missions étrangères.

Les Jésuites ont été fondés à Paris par Ignace de Loyola, élève de Sainte-Barbe, et quelques jeunes gens appartenant comme lui à l'Université de Paris, parmi lesquels François-Xavier, le saint et illustre apôtre des Indes. Saint Ignace avait demandé à Dieu, pour ses frères, la persécution et le mépris. On sait que ce vœu a été exaucé dans une large mesure.

Cet Ordre a produit de grands saints, de grands

savants, de grands littérateurs, de grands apôtres.

Plus calomniés aujourd'hui que jamais, les Jésuites continuent à se dévouer avec la même intelligence, le même zèle et le même succès à l'éducation de la jeunesse et au bien des âmes; ils dirigent, en France et en Algérie vingt-neuf colléges comptant ensemble onze mille cent cinquante-quatre élèves. Depuis 1870, cinquante-trois mille quatre cent cinquante-neuf sont sortis de ces écoles; six mille huit cent soixante-dix-huit ont été reçus bacheliers, depuis dix ans. Les écoles préparatoires dirigées par les Jésuites ont envoyé jusqu'ici deux mille cinq cent soixante-quatorze jeunes gens dans les grandes écoles de l'Etat. En 1878 et 1879, l'école Sainte-Geneviève a obtenu le premier rang dans les examens d'admission à l'Ecole polytechnique. Pendant la dernière guerre, cette même école comptait mille quatre-vingt-treize de ses anciens élèves sous les drapeaux, quatre-vingt-six ont été tués à l'ennemi; cent quatre-vingt-quatre ont été décorés. Ces chiffres disent assez éloquemment que les maisons dirigées par les Jésuites sont des écoles de patriotisme en même temps que des écoles de science et de vertu.

Nous en sommes là. Ecoutez maintenant l'histoire de la persécution du jour, et n'oubliez pas celle de la veille et du lendemain.

§ 2. — L'armée de Satan. Veille de l'exécution.

C'est un témoin qui raconte...

Ce sont les voyous du quartier de la Bastille qui commencent, devançant de vingt-quatre heures le gouvernement de la République, qui fraternise avec eux.

M. Chesnelong, l'ardent, l'éloquent orateur, vient d'enflammer toutes les âmes dans le Cirque d'Hiver.

La protestation contre les décrets a été sublime. On sort prêt à combattre, prêt à mourir.

L'ennemi n'était pas loin. Devant le café voisin, les frères et amis se campent par groupes serrés et commencent à gronder avec menaces. La porte s'ouvre et les cinq mille personnes qui sont dans le Cirque vont sortir dix par dix. Chaque groupe de catholiques est accueilli par des hurleurs qui les insultent. Les scènes de Lille se renouvellent.

— A bas les calotins !
— Vive la guillotine !
— Vive l'amnistie !
— Vive la République sociale !
— Vivent les décrets !
— A la porte !

On commence à chanter *A la Porte!* sur l'air des *Lampions*, et on continue par une *Marseillaise*, que j'attendais inévitablement. Cette *Marseillaise*, une fois partie, on ne l'arrête plus. Elle est cornée par des voyous de tout âge, voire par des voyous en cheveux gris et sales! — (Oh! je m'y suis frotté, j'en réponds!) — cornée aux oreilles des catholiques qui passent, calmes, entre deux haies de braillards ivres de « gueulerie ». Les cris deviennent assourdissants. Le boulevard est noir de curieux et de vociférants.

— A la lanterne !
— Vive la liberté !

« Vive la liberté » est le cri de riposte des catholiques qui sortent de la conférence.

Les brigades de gardiens de la paix sont obligées de faire reculer la foule. On craint pour les prêtres qui sont encore dans la salle.

Les uns ont pu s'en aller par la rue des Filles-du-Calvaire, les autres par la rue Amelot, sans trop d'encombre.

C'est à ce moment (dix heures et demie) que se

place le dernier et le plus triste incident de cette soirée, celui dont la portée sera grande, aujourd'hui que commence la proscription officielle.

C'est parmi les cent derniers spectateurs sortant du cirque que se trouvait un prêtre. On lui disait de rester; que la foule, n'ayant plus d'aliment à sa fureur bête, se jetterait sur lui. Il est sorti quand même. Il fallait bien sortir. Mais à peine a-t-il paru sur le seuil du cirque que la cohue se jette au-devant de lui et l'insulte comme les autres.

— A la porte !
— Enlevez-le !
— Sale calotin ! A la lanterne !
— Vive l'amnistie ! »

On recommence la sarabande, mais cette fois avec des cris d'une férocité telle que les agents se précipitent sur le boulevard des Filles-du-Calvaire pour protéger la victime contre les assaillants.

Oh ! douloureux spectacle ! le prêtre est pâle comme un mort. Autour de lui, la troupe qui le défend ; et derrière, sur le trottoir comme sur la chaussée, la cohue qui pousse des cris rauques et profère des menaces infâmes. Les boutiquiers, effarés, ferment leurs portes.

Les cris sont assourdissants ; les pierres volent, et le prêtre en reçoit deux ou trois. Une de ces pierres va frapper le carreau d'un bureau de tabac. C'est effrayant de voir cette houle humaine emmenant au pas de course ce prêtre effaré.

Enfin, on arrive en face du bureau de poste, boulevard Beaumarchais. On trouve là un fiacre. Vite, on y embarque le prêtre pourchassé et ses quatre défenseurs. Un gardien de la paix monte aussi dans la voiture. Mais la foule se rue sur le fiacre et va l'enlever de terre. Heureusement, M. Postansque monte à côté du cocher, et, saisissant le fouet, roue le cheval de coups. Le cheval part au galop de chasse, faisant décrire au véhicule de terribles oscillations, et courant vers la Bastille.

Et alors, je vois ce que je n'ai jamais vu : ces trois cents hurleurs se jetant au galop derrière ce fiacre et le suivant jusqu'à extinction de souffle. Ils arrivent en même temps que lui à la gare de Vincennes, toujours braillant.

Là, on occupe la salle d'attente, et on barre le passage aux forcenés, qui ne sont plus que cinquante après cette course échevelée, et le prêtre est prestement installé dans un compartiment du train de Vincennes qui part justement. Il se rend à Saint-Mandé.

En revenant de la Bastille, je vois tout le boulevard Beaumarchais ameuté encore par cette affaire. Il est onze heures et demie, et je n'ai que le temps de consigner à la hâte ces faits scandaleux, dont je garantis la plus rigoureuse exactitude, puisque je les ai vu s'accomplir sous mes yeux. Nous apprenons que, parmi les personnes sur lesquelles les énergumènes se sont livrés à des voies de fait, se trouvent MM. le vicomte Jean de Constantin et Charles de Salins. Ces messieurs ont été escortés par une cohue semblable à celle qui a pourchassé le prêtre de Saint-Mandé, au moment précis où ils essayaient de dégager plusieurs de leurs amis.

Ils ont été poursuivis par les cris de *Vive la guillotine ! à l'eau ! à la potence !* et ont pu être dégagés grâce, en partie, au courage de deux braves ouvriers, — qui sortaient de la conférence.

§ 3. — L'armée du Christ.

Elle aussi est debout.

On écrivait d'Angers, à l'*Univers*, 29 juin 1880 :

« Nous sommes au poste ; nous voici de faction dans

l'établissement des Pères Jésuites, où nous devons passer la nuit, notre veillée des armes, armes du cœur, ardentes prières, armes puissantes celles-là !

« Déjà la nuit dernière, Mgr Freppel est venu veiller au milieu des fils de saint Ignace. Lui, le vaillant, qu'on trouve toujours sur la brèche, il y revient ce soir, et demain, quand les exécuteurs arriveront, il sera là témoin autorisé ! La tristesse envahit les âmes, et malgré ce calme, cette sérénité, qui rayonnent sur le front des persécutés, quelles amertumes pour nos cœurs chrétiens !

« *On dit* que demain les Jésuites seuls seront expulsés ; mais comment se fier à ces rmueurs, et quand il n'y aurait qu'eux, quelle atteinte déjà à la morale publique ! Mais ils ne s'arrêteront pas ; leur insatiable appétit de haine ne sera pas satisfait ; ce soir, l'atmosphère est chargée d'orage, on se sent la poitrine oppressée et l'on ne peut se défendre de tristes pressentiments. Dieu veuille avoir pitié de nous !

A Lille, le 28 juin, cinq cents hommes sont allés faire leurs adieux aux Jésuites. M. Henri Bernard, *président de la Chambre de commerce*, a prononcé un discours dans lequel il a uni la cause de la religion à celle des Jésuites.

Le P. Dubois, supérieur des Jésuites, a répondu :

« La patrie du jésuite est là où il fait le plus de bien ; aussi, pour lui comme pour les pères qui l'entourent et qui sont venus de tous les points de la France, Lille était devenue une seconde patrie ; grâce au généreux concours des catholiques, notre mission y a été bénie. Lille, en effet, est la patrie des œuvres catholiques ; aussi, tous les Pères de la Compagnie nous enviaient notre bonheur. Si nous sommes forcés de quitter cette maison, cette chapelle où nous avons prié, où nous avons fait le bien ensemble, messieurs, nous vous les recommandons : Veillez sur elles, et la Vierge immaculée, patronne de Lille, les conservera intactes jusqu'au jour où nous pourrons célébrer ensemble la fête du retour.

« Et, messieurs, s'il est vrai que le cœur est prophète, je vous dis non pas adieu, mais au revoir ! Au revoir, à bientôt, en 1880 ! »

**

On écrivait de Marseille à la même date :

« Très-grande animation dans la ville à la suite de l'annonce de l'exécution des décrets pour demain, quatre heures, contre tous les ordres religieux.

« Les couvents et monastères n'ont encore reçu aucun avis officiel. Ce matin, à la cathédrale, l'évêque a procédé aux cérémonies de l'ordination.

« La foule était énorme et profondément recueillie.

« Toutes les églises sont encombrées ; on dirait un dimanche. Elle remplit surtout sans discontinuer les chapelles publiques des couvents.

« A l'abbaye des bénédictins, située au centre de la ville, l'abbé mitré officie pontificalement matin et soir, à l'occasion de la fête des saints Pierre et Paul, et comme pour faire ses adieux.

« Mais à la porte de l'abbaye, dans le tableau destiné aux affiches, on lit l'avis suivant. Pour demain, 30 juin : « Commémoration de saint Paul, apôtre. « Les offices comme à l'ordinaire. A la messe on « chante l'évangile, qui commence par ces paroles : « Jésus dit à ses disciples : Voici que je vous envoie « comme des brebis au milieu des loups ; l'évangé- « liste conclut en disant : Celui-là sera sauvé qui aura « persévéré jusqu'à la fin.

« Voilà pourquoi nous demandons avec plus d'ins- « tance que jamais les prières des fidèles, en répétant « avec confiance ces paroles du psaume 44 : *Dilexi* « *iustitiam et odivi iniquitatem.* »

« Tous les fidèles s'arrêtent pour lire cette affiche. Les hosties consacrées ont été retirées de toutes les chapelles privées des couvents et des cryptes de leurs chapelles publiques ; on les laissera seulement au maître-autel. Il y a dans le public, même républicain, une indignation douloureuse, mais contenue. On a fait revenir ce matin du camp du Pas-des-Lanciers tous les détachements de chasseurs à cheval qui s'y trouvaient.

« Chaque ville de France, en ce jour d'anxiété, ressemblait à un champ de bataille.

« Que se passera-t-il demain ? »

LA PERSÉCUTION

L'EXPULSION DES JÉSUITES DE PARIS

L'ordre règne à la rue de Sèvres. C'est l'*Univers* qui parle.

Cinq cents sergents de ville ont procédé ce matin à l'expulsion d'une vingtaine de jésuites sous le commandement de M. Andrieux, préfet de police.

M. le préfet de police était ganté de gris perle, comme pour une fête, ou à la manière d'un général qui va livrer bataille.

L'œuvre d'iniquité, de violence et de sacrilége est consommée. Racontons-en les émouvantes péripéties.

A L'INTÉRIEUR

Comme le bruit s'en était répandu dans l'après-midi, l'application des décrets devait commencer par une exécution nocturne.

A huit heures quarante-cinq minutes, dernière limite de l'heure légale, deux commissaires de police, escortés de trois agents, se présentent à la maison des RR. PP. jésuites de la rue de Sèvres, en vertu d'un arrêté du préfet de police ordonnant la fermeture de la chapelle. L'arrêté est notifié au R. P. Pitot, supérieur de la maison.

Un grand nombre de personnes, parmi lesquelles beaucoup de sénateurs et de députés, s'étaient proposées de venir passer la nuit chez les pères jésuites; mais sur l'avis de la perquisition qui devait avoir lieu nuitamment et dans la crainte d'être chassés sur-le-champ, les jésuites avaient contremandé la veillée. Cependant M. Ernoul et quelques amis se trouvaient présents au moment de l'arrivée du commissaire de police.

La foule attendait à la porte. Des mots d'ordre avaient été envoyés dans les quartiers de Belleville et de Ménilmontant pour provoquer des manifestations hostiles aux jésuites. Au milieu de la canaille qui applaudissait à l'exécution des décrets, se trouvaient des groupes nombreux d'amis des jésuites, protestant hautement au nom du droit et de la liberté.

Sur l'exhibition de l'arrêté du préfet de police, le R. P. Pitot dut laisser pénétrer les commissaires avec leurs aides, mais en protestant contre la violence qui lui était faite. Au moment où les scellés allaient être mis sur la chapelle, M. Ernoul fit remarquer que le Saint-Sacrement y était et demanda qu'il fût permis de le transporter dans une chapelle voisine, assurant dans ce cas que la tranquillité de la rue ne serait pas troublée. M. Clément, commissaire de police, répondit qu'il n'avait aucun ordre à ce sujet, qu'il exécutait simplement un mandat dont il était chargé.

L'opération de la mise des scellés commença alors. Sur ces entrefaites, plusieurs sénateurs et députés de la droite avaient été avertis de la présence de la police. MM. Chesnelong, Keller, Tailhand, Kolb-Bernard, de la Bassetière et plusieurs autres, au nombre d'une vingtaine environ, arrivèrent successivement.

M. Chesnelong, ne sachant pas ce qui s'était passé, fit observer aux commissaires de police que le Saint-Sacrement était resté dans la chapelle, et leur représenta la gravité de l'acte qu'ils allaient commettre ; les commissaires s'en référèrent de nouveau à leurs instructions. M. Chesnelong renouvela une dernière fois son observation au moment où on allait mettre les scellés sur la dernière porte.

La chapelle fut fermée et le Saint-Sacrement, par la plus abominable des profanations, laissé sous les scellés.

La nuit s'est passée en conférences et en prières. A partir de minuit, les Pères jésuites ont célébré à tour de rôle la sainte messe dans la chapelle intérieure de leur maison

Voici les pièces dont les commissaires de police ont laissé copie, hier soir, au R. P. Pitot.

« L'an mil huit cent quatre-vingt,
« Le mardi vingt-neuf juin, à huit heures quarante-cinq minutes du soir,
« Nous, Julien Clément et Jean-Marie-Constantin Dulac, commissaires de police de la ville de Paris, chargés des délégations spéciales et judiciaires,
« Nous sommes transportés rue de Sèvres, numéros 33 et 35.
« Où étant,
« Après avoir décliné nos qualités et fait connaître le motif de notre visite, nous avons, en parlant à M. Henri Pitot, supérieur, notifié le présent arrêté, dont nous lui avons laissé copie.

« Ledit sieur Pitot a déclaré protester contre cet
arrêté.

« Les commissaires de police,
« DULAC, CLÉMENT.

« Nous, député, préfet de police,

« Vu le décret du 30 septembre 1807, articles 8 et 9 ;

« Vu le décret du 22 décembre 1812, articles 1, 5 et 8 ;

« Vu l'article 294 du Code pénal ;

« Considérant que, malgré les prescriptions des
textes ci-dessus visés, il existe à Paris, rue de Sèvres, 33-35, une chapelle non autorisée dépendante de
l'établissement occupé par l'association non autorisée,
dite de Jésus,

« Arrêtons :

« ARTICLE PREMIER. — La chapelle établie à Paris,
rue de Sèvres, 33-35, est fermée à partir de la date
du présent arrêté.

« ART. 2. — Les scellés seront apposés sur toutes
les portes de ladite chapelle, soit qu'elles donnent accès sur la voie publique, soit qu'elles établissent une
communication avec les bâtiments occupés par la
Société non autorisée, dite de Jésus.

ART. 3. — Les commissaires de police de la ville de
Paris et tous les agents de la force publique sont
chargés de l'exécution du présent arrêté.

« Fait à Paris, le 29 juin 1880.

« Le député, préfet de police,
« ANDRIEUX. »

Ce matin, à trois heures quarante-une minutes, les
mêmes commissaires se sont présentés à la maison
des RR. PP. jésuites de la rue de Sèvres, munis d'un
arrêté ordonnant l'évacuation de la maison. La porte

extérieure était ouverte. En pénétrant, les agents de
M. Andrieux se trouvèrent en face de M. le baron de
Ravignan, sénateur, président du conseil d'administration de la société civile, à laquelle appartient la
maison de la rue de Sèvres. L'honorable sénateur fit
connaître ses titres et qualités en déclarant que le
P. Pitot, supérieur de la maison, était administrateur
de la société, que pour lui il entendait être respecté
dans sa propriété, et qu'il protestait contre la violation, ajoutant que la porte ne serait pas ouverte, et
qu'il faudrait employer la force pour entrer. Après
sa noble et ferme protestation, l'honorable sénateur,
très-ému de cette scène de violence, ne put retenir
ses larmes.

Le R. P. Pitot déclara, de son côté, que ses frères
les religieux et lui étaient là dans leur domicile, que
nul ne pouvait légalement les en chasser, qu'il protestait aussi, et que ses frères et lui ne sortiraient de
la maison que chassés par la force.

Là-dessus, les commissaires de police firent entrer
les agents municipaux. Sommation d'ouvrir ayant
été faite et renouvelée sans résultat, les commissaires durent requérir un serrurier pour ouvrir la
porte. M. de Ravignan protesta de nouveau contre
l'acte qui allait s'accomplir, se réservant d'agir en
vertu de ses droits contre ceux qui avaient donné les
ordres et ceux qui les exécutaient, et par trois fois il
somma le serrurier de ne pas se rendre complice de
la violation de son domicile. Celui-ci tout interdit ne
répondit pas. La serrure fut forcée, après trois quarts
d'heure de travail.

Des sénateurs, des députés étaient présents pour
servir de témoins, ainsi que plusieurs avocats, avoué
et huissier.

Le préfet de police avait pénétré à la suite des
commissaires dans l'intérieur de la maison, pour

présider à l'expulsion. Le R. P. Pitot ayant refusé à
M. Andrieux de le seconder ni directement ni indirectement dans ses perquisitions, celui-ci dut se livrer
à la chasse aux jésuites à travers les longs corridors
de la maison.

Chaque Père était enfermé dans sa cellule en attendant l'expulsion.

Le premier dont la chambre a été violée est le
R. P. Marin. Sur son refus d'obtempérer à l'injonc-
tion de sortir, le commissaire le fit empoigner par
ses agents. La même scène s'est produite dans chaque
chambre. Chacun des Pères a refusé de sortir et le
même ordre d'expulsion a été donné. Nous devons
constater la répugnance de la plupart des agents de
police à exécuter les ordres brutaux du préfet et de
ses commissaires. Plusieurs avaient les larmes aux
yeux.

L'expulsion du P. Hus, vieillard de soixante-dix-
huit ans, ancien supérieur de la mission de New-
York et de Cayenne, a donné lieu à une scène des
plus touchantes. Enfermé chez lui, il refusa d'ouvrir.
Le serrurier dut encore enfoncer cette porte.

M. de Ravignan, qui suivait avec les témoins et les
amis des jésuites, protesta de nouveau en donnant
encore lecture des articles du Code pénal qui garan-
tissent les particuliers contre les abus de pouvoir des
fonctionnaires. Traqué dans sa chambre, le P. Hus
refusa de sortir, disant qu'il était vieux et infirme.

Là-dessus, M. Clément ordonna de le faire sortir
par force ; deux amis le prennent par le bras pour
l'aider à se lever : « Non, messieurs, leur dit-il, ils
me sortiront de force. » Les agents l'enlèvent sur sa
chaise pour le porter dehors. Le R. P. supérieur
s'avance alors et dit aux commissaires : « Comment
traiter ainsi un vieillard qui a passé sa vie à soigner
les forçats de Cayenne et qui y a contracté ses infir-

mités! » Puis il se jette à ses genoux pour lui demander sa bénédiction. Le P. Hus s'excuse ; le Père supérieur insiste. Tous les assistants se jettent alors à genoux, et le P. Hus les bénit, emporté sur sa chaise, il leur dit à trois reprises : « Adieu ! »

Le R. P. Lefebvre avait été respecté pendant la Commune et laissé à la maison. « Comment, dit-il aux commissaires, voudriez-vous faire plus que les communards ? »

Quand les agents entrèrent chez le R. P. Chambellan, provincial de la province de Paris, le bon et doux religieux se leva avec son calme et son sourire habituels. En le voyant sortir de cet air si tranquille, les assistants étaient profondément émus ; l'un d'eux, M. de Kerdrel, éclata en sanglots.

En quittant le préfet de police, le Père supérieur était rentré chez lui. Sa chambre fut envahie la seconde. Le R. P. Pitot s'est réclamé de nouveau de sa qualité d'administrateur de la propriété, et a fait observer qu'aux termes mêmes de l'arrêté d'évacuation, il devait être maintenu dans la maison. Le commissaire a répondu à ce moment que le P. Pitot devait sortir à toute force ; mais ensuite il consentit à ajourner son expulsion, sur le désir exprimé par le vénérable religieux d'être le dernier chassé comme supérieur de la maison.

M. Chesnelong a fait observer alors que l'expulsion du R. P. Pitot, outre qu'elle était un outrage à la liberté individuelle du religieux, constituait aussi un attentat contre le droit du propriétaire.

Les perquisitions ont duré jusqu'à neuf heures environ. Par décision du préfet de police, trois Pères ont été autorisés à rester dans la maison à titre de gardiens avec trois frères coadjuteurs ; ce sont les RR. PP. Pitot et Lefebvre, et le P. Soimié, que son grand âge et ses infirmités empêchaient de marcher.

A neuf heures, la sinistre besogne était terminée et le serrurier administratif, poursuivi par les huées d'une foule sympathique aux jésuites, franchissait le seuil de la maison violée. Nous ne savons quels ont pu être les sentiments des persécuteurs. Quant aux victimes, un mot nous servira pour témoigner du calme avec lequel elles ont vu venir la violence et la persécution. Le bon P. Millériot n'avait pu, grâce aux mesures dont tous ses frères étaient l'objet, sortir à l'heure ordinaire pour Saint-Sulpice, où l'on sait avec quel zèle il exerce depuis longues années son fécond ministère. « Avec tout celà, dit-il, ces gens-là me feront arriver vingt minutes trop tard à mon confessionnal. » Ce trait dit tout.

DANS LA RUE

Dans la rue, la manifestation était, à vrai dire, commencée depuis plusieurs jours. Nous en avons noté les divers incidents depuis dimanche; mais, hier, elle a pris un tel caractère que les ennemis eux-mêmes ont compris qu'ils ne l'arrêteraient pas.

Dès une heure du matin, on se pressait à la chapelle de la rue de Sèvres pour entendre le dernier entretien que devait donner le P. Lefèvre à quatre heures, puis le salut du Saint-Sacrement. A trois heures et demie, la foule, refluant dans la cour intérieure, les parloirs, la rue de Sèvres, cherchait vainement à pénétrer dans l'intérieur de la chapelle, entièrement remplie.

Dès trois heures, on voyait arriver en groupes serrés des jeunes gens, anciens élèves des Pères; puis, dès hommes de toute condition et des dames en assez grand nombre. A quatre heures moins un quart, une première escouade de sergents de ville apparaît dans la rue, bientôt suivie du commissaire de police en écharpe. Évidemment, l'heure approche et l'attentat va se consommer ; aussi, l'émotion redouble ; elle éclate lorsqu'à quatre heures on voit apparaître aux fenêtres d'un étage supérieur deux Pères jésuites inspectant avec calme la rue, d'où leur monte l'écho de la manifestation : *Vivent les jésuites! Vivent les jésuites!* Ce même cri s'élève de toutes parts. En même temps, les chapeaux et les mouchoirs s'agitent.

A quatre heures, le P. Lefèvre monte en chaire, et, après l'exercice de la bonne mort, il s'écrie, au milieu de l'émotion générale : « Priez, mes frères, priez pour cette pauvre Compagnie qui va être dispersée de nouveau, et qui compte parmi vous, je le sais, tant d'amis qui ne l'oublieront pas. »

On chante ensuite le salut, et nous ne saurions dire avec quel accent, lorsque s'élève le chant du *Cor Jesu*, la foule, en chœur, s'écrie : *Miserere nobis!* A la bénédiction du Saint-Sacrement, beaucoup de personnes pleuraient.

Cependant, le dernier chant — chant d'adieu — a retenti, et la chapelle lentement se vide. Comme si chacun avait la certitude de n'y plus pouvoir entrer de longtemps, chacun retarde le moment de la quitter ; aussi, le défilé ne dure pas moins de trois quarts d'heure. Au sortir, un courant nouveau se forme. Il se dit qu'une protestation est déposée dans les parloirs, et que l'on est admis à la signer. Tous aussitôt de s'y précipiter. Pendant plus d'une heure, le vestibule de la résidence est à la lettre comme pris d'assaut.

Nous ne nommons personne, car, s'il fallait les nommer toutes, nos colonnes n'y suffiraient pas. Disons seulement qu'on a remarqué M. le duc et Mme la duchesse d'Alençon et la princesse Blanche d'Orléans.

A l'intérieur même des cloîtres, trois cents hom-

mes environ se sont donné rendez-vous. En leur nom,
M. le comte des Cars est prié de voir les Pères et de
leur témoigner l'affection de tous.

*
* *

Mais voici qu'on signale un jésuite : c'est le
R. P. Mirebeau, venu ce matin de la résidence de
Clamart, et qui demande à rentrer rue de Sèvres. On
le lui interdit, et il poursuivait sa route, quand tout
à coup il se trouve arrêté par la foule. Les femmes
et les hommes s'agenouillaient, réclamant la bénédiction du persécuté, qui la donne; puis, tous se relèvent, et les cris recommencent : *Vivent les jésuites!*
Parmi ceux qui le poussent avec le plus de force,
nous remarquons M. le sénateur Hervé de Saisy.

*
* *

Il est près de cinq heures. La foule, de nouveau re-
foulée, revient incessamment; elle s'élance comme
d'un bond vers la porte des jésuites quand elle la
voit s'ouvrir pour livrer passage au R. P. Marin, qui
paraît escorté de M. de Ravignan. A ce moment, les
cris redoublent : *Vivent les jésuites!* et de nouveau
la foule s'agenouille pour recevoir la bénédiction du
jésuite persécuté.

Il faut renoncer à peindre l'émotion de ce spectacle, qui se renouvelle à mesure que l'on voit paraître
un jésuite expulsé à son tour et escorté par quelques-
uns des amis dévoués qui avaient veillé avec eux, en
attendant les actes de violence devant lesquels n'ont
pas reculé les persécuteurs. Toutes les vingt minutes
à peu près, la porte s'ouvre, livrant ainsi passage
successivement : au P. Matignon, qu'accompagne
M. Chesnelong; au P. Foulogne, qu'accompagne M. de
Kerdrel; au P. Bouix, assisté de M. de Kermenguy;
au P. Gide, avec M. de la Bassetière; au P. Martinow,

avec M. Descottes; au P. Hubin, avec M. Ernoul; au P. de Guilhermy, accompagné de son frère, ancien colonel d'artillerie de marine; au P. Hus, emmené par des agents; au P. Chambellan, provincial; au P. Tailhand, qu'accompagne M. de la Baume; au P. Forbes, avec M. de Ravignan. Notons, à propos du P. Hus, qu'il a été jadis aumônier à la Nouvelle-Calédonie. Aujourd'hui, les Nouméens reviennent, et c'est lui qu'on expulse.

.·.

Notons encore, à propos du P. Forbes, un incident qui a paru singulièrement embarrasser M. le préfet Andrieux; car M. le préfet de police, ne voulant laisser à personne le triste honneur de présider la vilaine besogne commandée à ses policiers, était arrivé à six heures un quart, ganté de frais, les moustaches frisées, l'air souriant comme s'il allait à quelque bal. En effet, M. le franc-maçon Andrieux est pressé de rentrer en grâce auprès des radicaux, qui le malmènent quelque peu depuis quelque temps, et comment pourrait-il mieux s'y prendre qu'en mettant personnellement la main à l'expulsion des Jésuites?

Sa présence étant signalée, le R. P. Forbes déclare qu'il ne sortira pas avant d'avoir protesté devant lui contre la violence qui lui est faite. En effet, le R. P. Forbes est sujet anglais, et il signifie à M. Andrieux qu'il entend se réclamer du consulat d'Angleterre, auquel il compte demander protection. Visiblement embarrassé, M. Andrieux tortille sa moustache; mais il ne se croit pas autorisé à laisser le R. P. Forbes, rue de Sèvres, jusqu'au résultat connu de sa réclamation. Cette réponse constatée par-devant témoins, le R. P. Forbes s'éloigne dans une voiture, salué par les cris répétés de : *Vivent les jésuites!* Il va droit au consulat d'Angleterre.

* *

Un officier se tenait devant la porte des jésuites, lorsque M. Andrieux l'a interpellé directement en l'engageant à se retirer.

— Je ne le ferai pas, a répondu le courageux officier au préfet de police. Je resterai ici tant que les Pères qui m'ont élevé ne quitteront pas la maison. Ce sont eux qui, lorsque j'ai été blessé sur le champ de bataille, m'ont recueilli et soigné pendant que les gens du gouvernement ne songeaient qu'à bien vivre. Je leurs dois de la reconnaissance, monsieur, et je me permets de vous demander si vous n'en feriez pas autant si vous étiez à ma place ?

M. le préfet de police a baissé la tête en poussant un *oui* qui, dans la circonstance, était un précieux aveu.

* *

Paris, 1ᵉʳ juillet 1880.

Monsieur le Rédacteur,

Privé de l'honneur de passer la nuit près des condamnés, près des maîtres vénérés de mes enfants, j'ai tenu au moins à leur donner, *en plein jour, hautement*, ce témoignage de respect, de sympathie et de reconnaissance : ils ont fait de mes enfants *des croyants, des catholiques; ces choses-là* ne s'oublient pas.

Puisse ce souvenir affectueux et reconnaissant les consoler et leur faire oublier les complaisances, les lâchetés de ceux qui, après leur avoir confié leurs enfants, de ceux qui, peut-être, après avoir été leurs élèves, sont devenus leurs persécuteurs !

Agréez, etc.

BOURGEOIS,
Docteur-médecin, député de la Vendée.

.*
.*

Exécution à Toulouse.

Au même moment, tout ce que nous venons de lire, les yeux pleins de larmes, se renouvelait dans toutes les communautés de jésuites de France.

« Jamais nous n'oublierons cette scène, s'écrie l'éloquent rédacteur des *Nouvelles* de notre chère ville de Toulouse, jamais le souvenir de cette grande nuit ne s'effacera de notre mémoire. »

Tous les hommes de cœur, sans exception, avaient revendiqué l'honneur d'assister les Pères au moment de la lutte contre l'illégalité. Voici le nom des heureux témoins :

MM. Joseph du Bourg, G. de Belcastel, comte Fernand de Rességuier, Ch. de Raymond-Cahuzac, Deffès, Montano, comte A. d'Adhémar, Saturnin Vidal, doyen de la Faculté libre de droit; Barateau, avocat; de Sambucy, Lasserre, Carel, menuisier; Lespinasse de Saune, de Veilhes, de Langlade, Ernest Raymond.

Mais ceux qui n'avait pu pénétrer dans les murs bénits que la police vient de profaner ignominieusement attendaient, dans leur domicile ou dans des maisons du voisinage, le deuil et la rage au cœur, l'heure de la profanation.

Ils n'avaient pas à lutter contre le sommeil. La grande image de la liberté méconnue, de la France déshonorée, de la religion outragée se dressait devant eux.

Vers deux heures du matin, quelques sergents de ville apparaissent à l'entrée de la rue des Fleurs; ils s'approchent du seuil du couvent et prient les étudiants de se disperser. Ceux-ci obéissent. Aussitôt des escouades d'agents de police et de mouchards arrivent de tous les points et cernent les principales rues environnantes. Dès ce moment, l'aspect de lla rue des Fleurs devient sinistre. Les becs de gaz s'éteignent et l'ombre et le silence enveloppent le théâtre du crime. Les agents de police parlaient entre eux à voix basse, comme dès criminels qui complotent un mauvais coup.

Pendant ce temps, le P. Sécail célébrait le saint sacrifice à la chapelle intérieure.

La délégation du conseil de défense assistait à cette émouvante cérémonie, qui rappelait, par l'heure à laquelle était célébré l'auguste mystère et par la solennité poignante des circonstances, les messes de la Terreur.

Au moment où le prêtre donnait la communion, un bruit cadensé résonne sur le pavé de la rue et les assistants enfermés dans l'humble sanctuaire reconnaissent le pas et les commandements militaires. C'est un détachement de gendarmerie ; les crosses des fusils retombent sur le pavé avec un bruit sinistre, l'impression est lugubre et notre cœur se serre sous le poids d'une douloureuse émotion.

A partir de ce moment l'angoisse redouble ; seuls les Pères conservent leur visage toujours calme et vraiment céleste. L'un d'eux murmure en réponse à nos chaleureuses protestations : « Pauvre France ! C'est elle qu'il faut plaindre ! » Quelques chauds amis réunis dans un appartement très-voisin envoient à travers les fenêtres des encouragements sympathiques aux confesseurs de la foi : « Les honnêtes gens sont tous avec vous, mes pères ! » — « Merci ! » répondent-ils avec un sourire d'une touchante douceur.

Le jour paraît bientôt, blafard, triste.

Une voiture s'arrête à l'extrémité de la rue ; M. le commissaire central Guillemot en descend. Il est horriblement pâle, vêtu et ganté de noir.

L'agent de la sûreté Castel s'approche de son supérieur; ils conversent quelques instants tout bas; sur l'ordre du commissaire central, deux pompiers se tiennent à quelques pas de la maison. M. Guillemot consulte sa montre, hésite un moment, et plus pâle que jamais, il tire la sonnette du couvent.

Le drame de l'illégalité commence.

La porte extérieure s'ouvre aussitôt, et le frère portier paraît au guichet.

Un léger colloque s'engage, puis le père recteur se présente à l'entrée du parloir et déclare très-fermement au commissaire central qu'il ne cèdera qu'à la violence et qu'il faudra briser les portes pour pénétrer dans le couvent.

M. Guillemot insiste en termes très-polis. Le R. P. recteur persiste dans son refus.

Les pompiers sont appelés. Ils enfoncent d'un seul coup la porte de clôture et l'exécuteur des décrets pénètre dans la maison. Là, il donne d'une voix fort émue la lecture des décrets, puis il ordonne la dispersion des membres et l'évacuation des cellules.

Sur un nouveau refus, il fait une sommation nouvelle devant chaque cellule. A la première violence, les portes s'ouvrent et les Pères descendent un à un dans le corridor en constatant qu'ils ne cèdent qu'à la force.

Les coups frappés sur les portes avaient retenti au dehors. Un grand courant de foule s'établissait autour de la ligne tracée par la gendarmerie et par la police. Le silence le plus profond, le recueillement le plus absolu planaient sur cette foule qui avait au cœur toutes les saintes colères de l'honnêteté révoltée par l'injustice et par la violence. Un quart d'heure, un siècle! s'écoule : chacun attend dans une anxiété profonde. Des voitures stationnent à quelques pas. On les dit réservées aux Pères que la police veut soustraire aux ovations de la foule.

Tout à coup, la porte du couvent s'entr'ouvre et les membres du comité de défense se présentent sur le seuil, suivis des Pères en costume de voyage.

Le premier est un vénérable vieillard aux cheveux blancs, sur la poitrine duquel brille la croix de la Légion d'honneur : c'est le Père Guzzi, un modèle de sainteté, de vertu et de science ; âgé de quatre-vingt-deux ans, aumônier des prisons pendant de longues années.

Une longue acclamation retentit : « Vivent les Pères jésuites! » Ce cri gagne comme une étincelle électrique. Les Pères passent pour ainsi dire de mains en mains jusqu'à l'entrée de la rue Nazareth. On les acclame, on les entoure, on couvre leurs mains de baisers et de larmes.

Il y a des épisodes déchirants : de vieux amis de collége s'embrassent avec une indescriptible émotion. D'anciens élèves accueillent leurs maîtres avec des protestations d'amour. Une mère dont le fils est membre de la Compagnie de Jésus, éclate en cris d'indignation.

Mme de Carrière-Brimont, pourrai-je oublier ce nom si honorable et si cher à mon cœur! Il fallait ce dévouement sublime pour compenser l'absence d'un homme dont on se souviendra toujours quand on entendra prononcer le mot : *incompétence;* sa place était si bien près de cette porte des Jésuites! tant de liens de famille l'y appelaient!

Dans la rue Nazareth, un grand cortége se forme, et l'ovation continue, aux cris répétés de : *Vivent les Jésuites! Vive la liberté! Vive la France!*

Les fenêtres s'ouvrent. Des applaudissements et des acclamations répondent de tous côtés aux vivats de la foule. — C'est une marche triomphale!

A plusieurs reprises, le cortége se divise pour conduire les Pères proscrits dans les maisons particulières qui leur ont été gracieusement offertes. A chaque nouvelle station, la foule s'agenouille, reçoit la bénédiction du Père et se retire en criant toujours : *Vive la liberté! Vivent les Pères! Vive la France!*

Des larmes brillent dans les yeux des gendarmes chargés de maintenir l'ordre. L'un d'eux porte instinctivement les armes au P. Guzzy, quand celui-ci passe devant lui. Les sergents de ville eux-mêmes sont gagnés par l'émotion générale. Quelques-uns maudissent à demi-voix l'horrible besogne à laquelle on les a conviés.

M. de Belcastel prend deux fois la parole à la porte des hôtels qui reçoivent les PP. Cazeneuve, Guzzy, Pons-Devier. Il recommande le calme à tous les assistants : « Laissez passer la force, dit-il, la justice aura son jour. » La foule répond en criant : « Au revoir ! » et se disperse lentement dans les rues de la ville.

Les scellés ont été apposés sur la porte de la chapelle.

Deux Pères sont restés dans la résidence comme gardiens de leur couvent : ce sont les Pères Ogerdias et Sécail.

A l'heure où nous écrivons ces lignes, tout brisé par les fatigues et par les émotions de la nuit, le peuple se rend en foule devant la porte de la chapelle du *Gesù* et couvre de bouquets et de couronnes le piédestal de la statue de la Vierge.

Il y a dans cette moisson de fleurs, née pour ainsi dire dans les larmes, une poésie indéfinissable et touchante et comme un témoignage gracieux de nos fécondes et invincibles espérances.

Au Noviciat.

Dès trois heures du matin, une troupe armée enveloppe les bâtiments et le jardin du noviciat des Jésuites, à la Côte-Pavée-Montaudran. Cette troupe est composée de quarante sergents de ville, deux gendarmes à cheval, douze gendarmes à pied, un tambour et deux pompiers *munis d'une échelle*. Toutes les issues de la maison sont ainsi gardées à vue une heure entière dans un grand silence.

A l'intérieur du noviciat, on commence la célébration des messes à deux heures et demie. Une dernière fois, les novices reçoivent la sainte communion que leur donne leur vénéré supérieur. Dans la cour et dans le parc, une trentaine d'hommes généreux ont fait bonne garde durant toute la nuit. Ils sont venus témoigner leur sympathie et leur dévouement aux Pères de la Compagnie de Jésus ; ils seraient là aussi pour les défendre, au besoin, contre les attaques et les outrages de la rue. Mais au quartier de la Côte-Pavée, les attaques et les outrages n'étaient pas à craindre : les honnêtes et laborieux habitants de ce faubourg, toujours pleins de respect et de bienveillance envers les religieux de Sainte-Marie-des-Champs, ne devaient pas démentir ce jour-là ces bons sentiments. Pas un seul, parmi eux, n'a fait à la police l'honneur d'approuver la brutale invasion dont le noviciat a été l'objet. Les populations honnêtes comme celle de la Côte-Pavée ont un bon sens qui ne les trompe pas. Quatre témoins assistaient le R. P. Portal, supérieur du noviciat, MM. le marquis de Solages, de La Myre, de Sainte-Marie, de Nauroy.

L'attitude des novices a été admirable. Pauvres et chères victimes ! Près de se séparer, en exécution des ordres formulés par les sectaires, ils s'étaient donné, devant les témoins émus, le dernier baiser d'adieu. Ils attendent impassibles l'arrivée des commissaires ; pas un n'a faibli : chacun répétait de son côté avec une calme énergie la protestation de son supérieur. Ce concert de jeunes voix, ces adolescents réclamant impérieusement un outrage qui leur paraissait un honneur insigne, ce maître des novices contemplant silencieux l'attitude courageuse de ses fils, tout ce tableau avait quelque chose de saisissant.

« Eh bien ! saisissez ces messieurs ! » a dit enfin M. Dalous. Les sergents de ville s'approchent pour obéir à cet ordre. Mais à la vue de ces doux enfants qu'il s'agit de traiter comme des malfaiteurs, plusieurs de ces hommes de la police, peu habitués à telle besogne, se sentent émus. Ils prient les novices de ne pas insister, de ne pas les forcer à mettre la main sur eux. Ces sentiments de pitié, de honte peut-être, n'échappent pas à un agent civil, mêlé aux sergents de ville : « Allons ! leur dit-il à demi-voix, ne vous laissez pas *intimider !* » Nous avons nous-même entendu cette singulière recommandation. Elle signifiait, sans doute : « Ne vous laissez pas gagner par un sentiment d'honneur. » Ces messieurs ont des expressions à leur usage.

Le triste défilé a commencé. Tous les novices et leur supérieur ont été conduits par le bras jusqu'au dernier degré du perron extérieur, et ainsi jetés à la rue.

A six heures un quart, tout était fini. Les amis des Jésuites, — on ne se cache pas aujourd'hui pour revendiquer hautement ce titre, — ont encore serré la main aux deux demeurants, et on s'est dit adieu.

M. Albert Passama, l'éloquent professeur, qui aura l'honneur de réclamer devant la justice française la réparation de tant d'iniquités, disait à ses vénérés clients, après les avoir assistés de ses conseils, dans cette triste matinée : « Vous le savez, mes Pères : après le Calvaire et ses douleurs, la Résurrection et ses triomphes ; ce moment où la justice vous sera rendue, croyez-moi, vous ne l'attendrez pas longtemps ! »

Le *Messager de Toulouse* évalue à cinq mille le nombre de personnes qui ont conduit en triomphe les PP. Jésuites. La *Souveraineté du peuple* dit dans son compte rendu de l'odieuse exécution :

« De tous côtés, des cris de : *Vivent les Jésuites ! A bas les décrets !* se sont élevés. Jamais pareil triomphe n'avait été ménagé aux Jésuites en France.

Écoutons la presse catholique parlant par la bouche de M. Eugène Veuillot, le patriarche de la presse, depuis que le lion, Louis, son frère, se tait.

« La république vient de rompre définitivement avec les catholiques.

« Aujourd'hui, 30 juin, le gouvernement de M. Grévy, appliquant les décrets du 29 mars, a fermé par la force la résidence et les chapelles des jésuites. Demain la persécution s'étendra à tous les ordres religieux non autorisés. Le tour des autres n'est pas loin.

« La persécution était déjà commencée. Les catholiques écartés de la Chambre malgré le suffrage universel, et des fonctions publiques, malgré leurs bons services et leurs droits; les prêtres livrés à toutes les insultes d'une presse républicaine, naturellement immonde, que l'assurance de l'impunité pousse aux derniers excès; les écoles congréganistes fermées, la religion outragée dans ses pratiques et dans ses dogmes; la liberté du culte entravée par l'autorité elle-même, le nom de Dieu proscrit du langage officiel, tout cela c'était, certes, la persécution.

« Cependant, aucune mesure générale de nature à frapper l'esprit et les yeux du peuple chrétien n'avait encore été prise. Ce coup est maintenant porté. Ce n'est plus un maire qui interdit les processions, ce n'est plus un préfet qui ferme arbitrairement une école, ce n'est plus un subalterne quelconque qui aboie à la robe du prêtre ; c'est le gouvernement lui-même qui, donnant raison aux plus odieux pamphlétaires, aux plus virils caricaturistes, entre de force chez de saints religieux, les chasse de leurs demeures, ferme leurs églises, et dit aux fidèles : Vous ne prierez plus là.

« M. de Freycinet et ses collègues rappelleront qu'ils ont pour appui dans cette odieuse campagne un vote de la Chambre des députés, la soumission du Sénat et les tendances du suffrage universel. Qu'ils ne s'en tiennent pas là, qu'ils sachent reconnaître que tous les ennemis de Dieu sont dans la joie, que toute la canaille les applaudit. Ces misérables qui, avant hier, poursuivaient un prêtre et voulaient le massacrer, quel était leur cri de ralliement ? — « Vivent les décrets ! »

« Voilà les auxiliaires que le cabinet Freycinet a ralliés, voilà les bras qui s'arment pour sa cause. Des jurisconsultes, la tête et l'honneur du barreau, protestent par centaines contre ses actes, les déclarant contraires à la loi comme à la conscience et à la liberté ; mais la nouvelle armée de la commune se lève pour lui. Ce concours qu'il ne peut renier, est son premier châtiment. Peut-être ne le comprend-il pas ? D'autres suivront qui lui seront plus sensibles et qu'il comprendra mieux. Après l'abaissement, la chûte. Ces hommes qui viennent de porter la main sur nos religieux et sur lesquels pèse désormais l'excommunication sortiront du pouvoir vaincus, conspués, méprisés. La conscience publique n'attendra pas longtemps cette justice et cette vengeance.

« Les catholiques ont déjà beaucoup prié ; ils vont prier encore pour que l'application des décrets ne fasse pas tout le mal qu'en attendent nos ennemis. A la prière ils continueront de joindre l'action. La constitution est tout entière révisable. Nous pouvons donc travailler très-légalement à ruiner le régime qui en est sorti et qui nous opprime. Par les réunions, par la presse, par l'action personnelle active, incessante, passionnée; par tous les moyens que ni la loi ni la conscience n'interdissent, faisons la guerre à ceux qui proscrivent nos religieux, ferment nos écoles, insultent à nos croyances et veulent avilir la patrie en la formant à leur image. La France, quoique très-entamée, reste chrétienne, elle veut la liberté de la prière, et le jour où tous les catholiques agiront avec ensemble contre le parti de la persécution, ce parti ne tardera pas à tomber. Soyons actifs, résolus, ne donnons pas trop à la prudence ; aidons-nous, Dieu nous aidera. »

§ 3. — Mgr Freppel à la Tribune.

Eructavit cor meum verbum bonum : « De mon cœur a jailli la grande parole », s'écriait le prophète.

Mgr Freppel peut revendiquer cette gloire, la France et le Monde ont applaudi. De toute éternité, Dieu l'avait choisi pour cette grande mission. Il lui a donné pour l'accomplir, un grand caractère, une grande parole et un grand cœur.

Il faut tout cela pour faire un évêque.

Quand on le rencontre, on a rencontré une création divine et on a vu ce qu'il y a de plus grand et de plus beau sur la terre.

« On comprend bien que jamais tu n'as rencontré un évêque ! » s'écria saint Basile le Grand, en face d'un empereur tyrannique : *Nunquam in Episcopum incidisti!*

Nos misérables séides en ont rencontré un. Il l'a porté lui-même à la tribune, par les votes de la chère Bretagne, pour protester contre les attentats. M. le président, on sait son nom, n'a voulu l'appeler que M. le député Freppel; la droite proteste, Mgr Freppel répond : « M. le président vient de me donner un titre dont je m'honore et je me glorifie. » (Très-bien! très-bien! à droite). C'était la première fois que Mgr Freppel montait à la tribune ?

Mgr Freppel : « Vos fonctionnaires, vos agents, viennent de pénétrer par force, en dehors de tout mandat et de toute formalité judiciaire, dans les quarante maisons des pères Jésuites, ils y ont brisé les serrures, enfoncé les portes et conduit dans la rue, aux bras des gendarmes, comme une bande de malfaiteurs, des prêtres vénérables entre tous par leur caractère et par leurs vertus.

« Vos fonctionnaires, certainement, ont dépassé vos ordres. Si au contraire, ils n'ont fait que remplir vos instructions ministérielles, oh! alors il ne me reste plus qu'à protester du haut de cette tribune, contre des actes de barbarie indignes du peuple français.

« M. le ministre, permettez-moi de vous le dire, vous avez manqué votre but; votre apparente victoire est une défaite réelle. Vous avez identifié la cause des Jésuites à la cause de la liberté. Vous avez ménagé à cette grande et illustre compagnie de Jésus, l'un des plus beaux triomphes qu'elle ait remportés dans le cours de sa longue histoire; vous lui avez élevé par la persécution un piédestal qu'on aurait à peine osé rêver pour elle ! »

Et comme la gauche voulait à toute force l'interrompre : « Messieurs, je suis Alsacien et je représente des Bretons, c'est vous dire assez que pour lasser ma patience, vous avez à vaincre deux ténacités au lieu d'une. »

Et les ennemis, quoique furieux, se sont tus !.. Un

Alsacien, un député breton et surtout un grand évêque
venait de parler.

Et à sa grande voix, tout l'épiscopat français fit
écho. Déjà, depuis plus [d'une année, ce grand épiscopat répétait chaque jour à nos gouvernants par
la presse et par la parole :

Prenez garde ! Prenez garde !

§ 4. — Le Collége Sainte-Marie.

Un jour, c'était le printemps, lorsque tout est em-
baumé et joyeux dans la nature, j'ai vu de mes propres yeux une ravissante merveille : j'ai assisté au
triomphe de l'amour maternel. Nous venions, avec
quelques pieux pèlerins, de prier la Reine du Ciel
dans une de ces humbles petites chapelles où, depuis
des siècles, toutes les douleurs et toutes les espérances
se donnent rendez-vous : *Collos* (cellula) est son nom.
Un humble ermite la bâtit sur la colline solitaire, au
temps antiques, près de sa cabane de roseaux. Nous
en descendions, joyeux, le sentier fleuri, lorsque tout
à coup un cri se fait entendre, plaintif, perçant comme
le cri de douleur d'une mère. Oh ! sublime courage !
une petite poule était aux prises avec un grand oiseau
de proie, et, seule, défendait contre lui tous ses petits
poussins. Déjà, le cruel en emportait un dans ses ser-
res ; mais la mère, en furie, s'élance sur le ravisseur,
l'enlève à sa rage, et, toute joyeuse, le remet sous ses
ailes et le réchauffe avec amour. C'était bien là le
triomphe, c'était bien là le bonheur d'une mère !

Le doux Jésus, l'aimable Sauveur de nos âmes devait avoir vu sur les collines de Jérusalem ce même
spectacle quand, regardant la ville coupable, il s'écria
les yeux pleins de larmes : « O cité chérie ! combien
de fois j'ai voulu t'abriter sous mon amour, comme la
poule abrite ses poussins sous ses ailes, et tu ne l'as

pas voulu!... Et voilà que l'ennemi vient fondre sur toi, et il ne restera plus de toi pierre sur pierre. »

Il n'y a que quelques jours encore, le même Jésus, prisonnier d'amour dans nos saints tabernacles, dut verser de nouveau des larmes bien amères, mais ici, il n'y avait pas de cité, de nation coupable : il n'y avait de coupables que les bourreaux. La sainte Compagnie de Jésus surtout et les enfants qu'elle élève et dont elle est la mère ne l'étaient pas. La Providence m'a accordé la grâce d'assister à ce spectacle déchirant; son seul souvenir remplit mes yeux de larmes; elle m'a conduit, comme par la main, dans la chapelle du collége Sainte-Marie au jour douloureux de la séparation.

J'étais en face de ce tabernacle où le Cœur de Jésus souffrait. M. de Belcastel, le grand orateur catholique, y était près de moi, nous y étions venus ensemble, et ensemble nous assistions à la messe d'adieu.

L'oiseau de proie s'était abattu la veille sur ces tendres victimes; on les arrachait de force à leurs maîtres bien-aimés; au sang du Christ se mêlèrent, sur cet autel, des larmes bien amères, maîtres et enfants pleuraient.

Ils étaient plus de quatre cents; tous venaient à la sainte table recevoir des mains de leur Père suprême le viatique de l'exil.

Un conseil académique, destiné à protéger l'enfance, la frappait en ce jour; elle l'arrachait par violence à ses maîtres pieux. Leur piété, eux l'appellent *immoralité!!!* et, dans vingt-quatre heures, tout était fini, le collége Sainte-Marie de Toulouse était évacué par décision académique. Jamais peut-être depuis que les Saints Innocents avaient été immolés dans les bras de leurs mères tant de larmes n'avaient coulé.

« Rachel pleurait sur ses fils et personne n'osait

lui dire : console-toi. Comment consoler une mèr
quand ses enfants ne sont plus. »

« *Rachel plorans filios suos, noluit consolari quiâ
non sunt !* »

Lorsque la tempête s'était déchaîné à la *rue des
Fleurs*, on avait admiré la figure toujours douce et
souriante des persécutés ; ici ce n'était plus le sourire, il n'y avait que des larmes et des sanglots.

Les Jésuites meurent en souriant quand ce n'est
qu'eux-mêmes qu'on frappe ; mais si on frappe les
fils de leur tendresse, ah ! ne cherchez pas à les consoler, *noluit consolari quiâ non sunt !*

Comme la sainte Vierge, dont leur collége porte le
nom béni, ils vont maintenant demeurer debout au
pied de la Croix.

Anges du ciel, descendez vers eux comme vous
dûtes descendre vers la Mère des Douleurs et dites-
leur comme à Marie : « Encore trois jours et votre
fils ressuscitera ! »

LA DÉCLARATION

Les Jésuites expulsés, le calme se rétablit dans la
rue ; mais la tristesse demeure dans les cœurs. L'ennemi semblait dormir, mais c'était comme le sommeil de la bête fauve dans son antre, toujours prête
à dévorer de nouvelles victimes ; s'il dort d'ailleurs
trop longtemps, la presse radicale et franc-maçonnique est là pour le réveiller, l'aiguillonner. Le
30 août il est sur pied, il rôde autour des colléges
des Jésuites, il entre, il cherche les agneaux qui
pourraient y demeurer encore ; tous élèves et pro-
fesseurs sont absents, la bête fauve replie ses griffes
pour un jour plus opportun.

M. Freycinet cependant, le velouté M. Freycinet

espère la dompter; il fait une proposition au Pape prêt à fulminer les coupables. Voyant que les congrégations sont inflexibles et que toute demande d'autorisation est absolument rejetée par elles, nous avons dit pourquoi, il assure Souverain-Pontife, en faisant intervenir et ambassadeurs et nonce et cardinaux et évêques, que le tigre va devenir agneau, et il propose un accord définitif, affirmant que dès lors le second décret sera à tout jamais enseveli; il propose pour cela une déclaration à signer, il en arrange, en rature, en complique, en alambique tous les termes et après une attente solennelle, la fameuse déclaration paraît!

Ils avaient dit : Vos religieux sont des révoltés, si le second décret leur est appliqué c'est leur faute. Le Souverain-Pontife avait répondu : Non, les religieux ne sont pas des révoltés ils ne sont que les tenants du droit et ils tiendront ferme jusqu'à la mort; pour vous épargner toutefois un nouvel attentat et détourner une telle tempête, ils peuvent signer cette déclaration.

« Oui, sachez-le, les religieux, comme le fait et l'a
« toujours fait l'Église elle-même, acceptent de vivre
« sous toutes les formes de gouvernement et ils se-
« ront volontiers respectueux et obéissants en tout
« ce qui n'est pas contraire à la justice, sous la ré-
« serve formelle *que cette obéissance n'emporte ja-*
« *mais l'approbation de ce qu'il y aurait d'injuste*
« *dans la constitution et l'administration de l'Etat.* »
Voilà ce que l'illustre et sage Léon XIII a voulu être dit et compris dans la déclaration, puisqu'il le dit lui-même en termes exprès, dans l'admirable lettre qu'il vient d'écrire au Cardinal de Paris.

Le mot *respect*, que dut exiger certainement M. de Freycinet, suscita à la première heure de terribles répulsions, on le comprend : nos gouvernants nous y ont si peu habitués, le crochetage dernièrement opéré ne retentissait-il pas encore à toutes les oreilles, après avoir ensanglanté tous les cœurs? Je dus rassurer mes amis et voici la conversation que j'eus avec l'un deux, et que *Les Nouvelles*, de Toulouse. voulurent bien imprimer dans leurs colonnes.

« Ne craignez rien, lui dis-je, l'Église est infiniment sage, elle ne se compromet jamais et ne compromet jamais personne; elle parle par la bouche du Pape et des Évêques. Si les supérieurs d'Ordre consentent à signer cette déclaration, sachez bien qu'ils ne le feront que sur le conseil ou du moins sur le consentement du Pape; si le Pape le donne, soyez tranquille. »

« Jamais il ne donnera celui de demander l'autorisation, tout au plus donnera-t-il celui d'affirmer une respectueuse obéissance en tout ce qui n'ira pas contre la conscience et les droits de Dieu et de l'Église. »,

Il l'a fait, il le dit lui-même dans sa lettre au Cardinal de Paris, affirmant que l'initiative de cette déclaration venait entièrement du gouvernement français et engageait son honneur.

Chaque religieux, même après cette déclaration, demeura donc dans la plénitude de tous ses droits et de sa liberté individuelle, gardant vis-à-vis de notre gouvernement sa parfaite liberté d'opinion et vivant en face de lui comme vivent les Papes en face de tout gouvernement, c'est-à-dire ne conférant par sa soumission aucun droit aux gouvernements de fait que la Providence impose quelquefois aux peuples coupables pour les punir et n'en enlevant aucun aux gouvernements légitimes. Grégoire XVI, Pie IX et tous les papes l'ont affirmé, comme l'affirme aujourd'hui Léon XIII.

Ce que les ordres religieux se réservaient surtout par-dessus toutes choses, c'est, comme vient de le dire Léon XIII dans sa lettre au cardinal de Paris : « Que cette obéissance n'emporte jamais l'approbation de ce qu'il y aurait d'injuste dans la constitution et l'administration de l'État. » Telle est toute l'histoire, tel est tout le sens de cette fameuse déclaration; en voici la conclusion pratique, elle est de tous les temps.

Nous incliner à cause de Dieu devant les gouvernements que sa Providence nous donne ou nous impose, Oui! mais nous abaisser, JAMAIS! Nous demeurons comme des agneaux tant que les loups se taisent et n'attaquent pas les droits de Dieu, de l'Église et de la société; au premier signal du danger nous devenons lions pour les défendre.

Hélas! ce signal n'était pas loin!...

C'est Constans lui-même qui le donne, avec une sauvagerie dont la malice n'a d'égale que l'impertinence. Il jette la déclaration à la face de tous les Ordres religieux comme une insulte, et, en humiliant ses victimes, il leur annonce effrontément qu'il va les égorger. Voici les nouvelles orgies infernales.

Quelles seront les premières victimes?

Tout semble promettre cette gloire aux Capucins. Les journaux officiels eux-mêmes semblent le dire, et la presse, le *Figaro* en particulier, cherche à deviner le mystère.

Ce mystère, je vais vous l'expliquer, lui écrit son correspondant de Toulouse. Nous avons dans nos murs un Capucin, le R. P. Marie-Antoine, et s'étendant sur des qualités et des mérites que je n'ai pas, il ajoute : Ce Capucin, le croiriez-vous, a failli faire passer à M. Constans le quart-d'heure de Rabelais. Le comité conservateur de Toulouse lui a offert la candidature au Conseil général; il a fallu malheureusement recourir à Rome, sans ce retard, l'élection du R. P. Marie-Antoine paraissait infaillible. Comme les rancunes de notre ministre sont terribles, comment voulez-vous qu'il pardonne au R. P. Marie-Antoine d'avoir accepté cette candidature?

Le *Figaro*, s'empressant d'insérer cette explication du mystère, je lui écris immédiatement.

« Monsieur le rédacteur en chef,

« On me met sous la main votre numéro du 28 septembre où vous reproduisez une lettre d'un de vos correspondants de Toulouse.

« Avant de rentrer au couvent et n'étant ici que de passage, m'inspirant du devoir de ma conscience, j'y réponds immédiatement : le temps presse.

« Il y a dans cette lettre une erreur de fait que ma conscience m'oblige de rectifier. Il est dit que *j'ai accepté la candidature*. Voici la vérité.

« Le Comité conservateur de Toulouse est venu me l'offrir : j'ai décliné cet honneur, mon supérieur l'a décliné comme moi, et *c'est sans nous en donner avis que le Comité a télégraphié à Rome*.

« M. Constans connaît certainement ce détail important.

« Malgré cela, M. Constans frappera-t-il les Capucins?

« Non, il ne le fera pas, puisque nos plus grands jurisconsultes et nos tribunaux ont déjà flétri un acte semblable comme arbitraire et illégal.

« En l'accomplissant, M. Constans ne frapperait que d'innocentes victimes.

« Je prie Dieu pour lui. Qu'il l'éclaire. Qu'il réfléchisse bien surtout avant de frapper.

« La France se tourne toujours du côté des victimes.

« Dieu venge toujours l'innocent.

« Le jour où M. Constans violera mes droits sacrés de citoyen français, j'en appellerai au tribunal des hommes, et si ceux-ci ne me rendent pas justice, il y en a un qui me la rendra . c'est le tribunal de Dieu.

« Veuillez, M. le rédacteur, insérer cette lettre dans votre prochain numéro et croyez-moi votre tout dévoué serviteur en N.-S. J.-C.

« P. MARIE-ANTOINE,

« *Missionnaire capucin,*
« *En cours de prédication.*

« Lannemezan, ce 1er octobre 1880. »

Cette lettre a fait réfléchir M. Constans pendant quelques jours. Le croyez-vous converti ? Ah ! le pauvre homme ! Commençons par les Carmes, dit-il alors, les Capucins et tous les autres viendront ensuite.

EXPULSION DE TOUS LES ORDRES RELIGIEUX

« Deux cent soixante et onze établissements religieux non autorisés ont été dispersés. La dissolution s'est étendue à toutes les congrégations d'hommes et elle a eu lieu par les voies administratives. »

Voilà ce que vient de dire à la tribune de l'Assemblée, à la rentrée des chambres, M. Jules Ferry, le président du conseil des ministres, et il l'a dit avec une assurance étourdissante et une vraie fierté de triomphateur.

Est-il bien possible que ces paroles aient été prononcées ? est-il vrai qu'une Assemblée française les ait entendues ? et nos yeux ne se sont-ils pas trompés en les lisant ?

Est-ce bien dans l'Assemblée de ma noble, de ma chère France qu'elles ont retenti ? N'est-ce pas plutôt dans le sanhédrin de Satan ?

Un ministre de France !

Non ! non ! ce n'est pas la France que je connais et

que j'aime, dont je n'ai appris au berceau à redire le nom qu'en pleurant d'amour et en entrevoyant à travers ces larmes les grandes figures de Clovis, de Charlemagne, de saint Louis, de Jeanne d'Arc !... Non ! non ! ce n'est pas de cette France que vous êtes le ministre, ce n'est pas cette France qui vous a confié la mission de prendre une hache et d'aller couper au pied l'arbre splendide né, depuis bientôt deux mille ans, sur son sol fécond ; l'arbre que le Christ y a planté et arrosé de son sang ; l'arbre qui a abrité pendant dix-neuf siècles toutes les gloires et toutes les grandeurs de ma patrie ! Tous nos vieux francs, tous nos vieux chevaliers, tous nos grands héros, tous nos grands génies, tous nos grands hommes, oui, tous sans exception ont grandi sous les rameaux toujours verts de cet ARBRE MONASTIQUE, tous se sont reposés avec délices, sous son ombre tutélaire, tous en ont savouré avec délices les fruits délicieux.

Et vous, fils baptisés de l'Eglise catholique, vous, prétendu ministre de cette France vous venez avec la hache, la scie et le marteau !!!

Entendez un protestant, le célèbre Johnson dont l'Angleterre est fière, entendez-le vous dire en plein dix-huitième siècle :

« Je n'ai jamais pensé à un moine, ni lu le livre d'un moine sans baiser ses pieds en imagination : je n'ai jamais rien lu d'un monastère sans tomber à genoux et baiser le pavé. »

« Et vous, vous approchez de la porte de tous ces monastères avec la hache, la scie et le marteau et vous renouvelez les scènes des septembriseurs ! ou plutôt les scènes de l'enfer ! oui, les scènes de l'enfer !

Savez-vous bien le mot qui retentissait dans mon cœur, quand vos sbires inconscients, debout devant notre porte sacrée, entourés de leurs agents et de leurs hommes d'armes, ont frappé trois fois, en disant

d'une voix forte : « OUVREZ AU NOM DE LA LOI !...
OUVREZ AU NOM DE LA LOI !... OUVREZ AU NOM DE LA
LOI !... »

Moi je n'ai entendu qu'un mot : « OUVREZ AU NOM
DE SATAN ! »

Et j'ai fermé au nom de mon Dieu !

Oui, au nom de mon Dieu, au nom de mon Sauveur
Jésus-Christ, qui n'est descendu sur la terre que pour
y créer des chrétiens et, par conséquent des moines,
puisque, ne l'ignorez pas, le moine n'est pas autre
chose que le chrétien à l'état parfait, il n'est pas
autre chose que la vraie personnification vivante du
Christ lui-même, ne faisant qu'un avec le Christ, et
par conséquent avec l'Église catholique, en qui vit
toujours le Christ. Ceux qui disent que l'Église peut
se passer des religieux, des ordres monastiques, ne
comprennent pas le premier mot ni du Christ, ni de
l'Église. Tous les ordres religieux, tous les vœux monastiques sont nés à Bethléem dans le berceau du
Christ; tous ont grandi avec l'Église catholique; tous
ne mourront qu'avec elle.

Vous ne savez pas cela, M. le ministre ! Eh bien ! je
vous le dis, et ne l'oubliez pas.

Cette vie religieuse que vous voulez détruire, le
Christ est venu pour la créer.

Le monastère est son chef-d'œuvre, et c'est là qu'il
a porté le ciel tout entier.

Ces deux mots : *ordres religieux*, vous le disent.

Religieux veut dire l'homme uni à Dieu sur la
terre, comme les élus sont unis à lui dans le ciel, et
jouissant par anticipation de son bonheur presque
comme les saints en jouissent : « *Deo religatus.* »

Ordre religieux, cela veut dire : l'union parfaite
de ces religieux vivant sous une même règle, toujours
dictée par Dieu et sanctionnée par l'Église de Dieu.

et ne formant ensemble qu'une sublime *unité* dans un ORDRE, dans une paix parfaite.

L'enfer s'appelle : l'éternel DÉSORDRE, l'éternelle HORREUR.

« *In quo nullus ordo sed sempiternas horror inhabitat !*

Le monastère s'appelle comme le ciel : l'ORDRE ÉTERNEL !... l'ÉTERNEL BONHEUR !...

Et vous venez avec une hache frapper à la porte d'un monastère au nom de la loi !

Moi j'ai appris dès l'enfance, et la France le sait, depuis le Christ, depuis vingt siècles, qu'il n'y a qu'un seul maître, qu'un seul législateur, dont tous les autres sont les mandataires, un seul qui ait le pouvoir de faire des lois, un seul qui parle et qui ait le droit de parler au nom de la loi et de faire parler ses mandataires en ce nom sacré, un seul qui ait le droit de commander à l'homme, ce fils immortel, ce fils divin, ce fils inviolable de Dieu ! Et vous venez dire devant la porte d'un monastère de notre France, devant la porte de ce ciel visible, de cette maison de Dieu, habitée par des hommes trois fois fils de Dieu : Fils de Dieu comme hommes, fils de Dieu comme Français et catholiques, fils de Dieu comme religieux, vous venez dire à ces hommes, en leur montrant une hache : *Ouvrez au nom de la loi ! Je brise votre porte au nom de la loi !*

Je vous chasse, je vous arrache de votre demeure et vous jette à la rue, *au nom de la loi !*

Ah ! monsieur le ministre, vous êtes dans une assemblée de législateurs, par conséquent dans le sanctuaire de la loi !...

Ah ! respectez, de grâce ! respectez ce grand nom de la loi !

Savez-vous qu'il n'y en a pas de plus grand sur la

terre après celui de Dieu, ou plutôt qu'il ne fait qu'un avec celui de Dieu.

Dieu, c'est la loi, et la loi, c'est Dieu. Savez-vous bien que toute loi à côté de laquelle vous ne pouvez pas mettre le nom trois fois saint de mon Dieu n'est pas une loi?

Ah! vous ne savez donc pas ce que ce pauvre moine, marchant pieds nus, a toujours su ce qu'il n'oublie jamais.

Ce moine, sachez-le bien, ne veut et ne peut obéir à une loi quelconque où Dieu ne se trouve pas. Il n'est pas l'esclave de l'homme, et il ne le sera jamais.

Non, jamais il n'obéira à la loi d'un homme, d'un gouvernement quelconque, si à travers la loi de cet homme, de ce gouvernement, il ne peut voir son Dieu, c'est-à-dire si ce qui est commandé est visiblement injuste. Léon XIII vient de le proclamer lui-même dans sa dernière lettre à l'illustre cardinal de Paris, la personnification en France de la sagesse, de la modération et de la fermeté. Écoutez le grand Pape :

« Il n'est pas douteux, dit-il, qu'on doive obéir aux gouvernements, ainsi l'exige le maintien de l'ordre, qui est le fondement du bien public; mais il ne FAUT PAS OBÉIR quand ce qu'ils commandent est contraire à la justice, encore, ajoute-t-il, cette obéissance n'emportera-t-elle jamais l'approbation de ce qu'il aurait d'injuste dans la constitution et l'administration de l'État. »

Grandes paroles qu'il vous faut méditer, Monsieur le ministre.

Si votre mandat était parti de nos tribunaux, du sanctuaire de la loi, nous aurions ouvert nos portes, parce que dans vos tribunaux il y a le Christ, il y a Dieu. Je n'ai jamais vu le crucifix dans vos cabinets de préfecture et de police, là n'est pas l'autel sacré de la loi.

Quand la justice est d'un côté et l'injustice de l'autre, quand Dieu parle d'un côté et l'homme de l'autre. En obéissant à l'homme, on unit la bassesse de l'esclavage à la scélératesse du sacrilége, et on profane l'obéissance autant que la loi.

Monsieur le ministre, et tout votre prétendu siècle de progrès avec vous, vous ne changerez pas ces choses, c'est le Christ qui les a faites. Portez vos haches tant que vous voudrez, vous ferez des martyrs, nous voulons l'être ; mais vous ne détruirez pas un moine.

« Le moine, comme le chêne, est immortel, » un grand homme, un grand Français, Lacordaire, l'a dit, et le grand Léon XIII vient de le redire dans son télégramme aux Bénédictins de Solesmes : « Courage, mes fils ; *non moriar, sed vivam !* »

Les malheureux ! ils ont enfoncé, brisé, haché nos portes !... Et maintenant nos saintes demeures sont solitaires, et ils disent : « C'est fini !... » Oui, c'est comme lorsque l'hiver, avec ses frimats et ses tempêtes, passe sur la terre ; même pluie glaciale, même tristesse, même solitude ! Mais qui a jamais dit au milieu de cette pluie glaciale, de cette tristesse, de cette solitude de l'hiver : « C'est fini ?... » La nature ne refleurira plus, il n'y aura plus de printemps, plus de fleurs, plus d'aurores radieuses et embaumées, plus de soleil, plus de moissons, plus de vie !!

Oui, le printemps reviendra avec ses aurores, son soleil et ses fleurs ! Oui, nous reviendrons chanter encore dans nos chers monastères de France, nous viendrons y cueillir des moissons d'âmes et de saints ! Oui, nous reverrons le soleil de notre belle France, que vous avez réussi à voiler de deuil ! Oui, oui, nous reviendrons retrouver nos pauvres, qui déjà pleurent leurs pères devant nos portes hachées et silencieuses : « Ils nous prennent nos Pères, les malheureux ! les

monstres ! et ils ne nous donnent pas du pain !... »
Déjà mes oreilles ont entendu ce cri de désespoir des
veuves et des orphelins, et aussi déjà la malédiction
de Dieu vous envahit parce que vous faites couler les
larmes du pauvre !

*
* *

. . . .
. . . .

Maintenant, pieux lecteurs, recueillez-vous. De
grandes, de douloureuses choses viennent de s'accomplir dans nos cloîtres, je vais vous y faire assister, il vous est permis d'y pénétrer, la clôture est
violée...; eux sont entrés dans le saint des saints le
front haut, le cœur plein d'impiété et de haine,
comme ils entrent dans leurs loges maçonniques...
Vous, pieux lecteurs, recueillez-vous !... baisez en
entrant au milieu de ces débris, de ces ruines, baisez
le pavé trois fois saint et puis fortifiez votre âme car
elle va être brisée de douleur !!!

*
* *

Ici ce sont les monastères du Carmel ; ils sont frappés les premiers dans cette nouvelle hécatombe !
Ne sont-ils pas nés les premiers à la vie monastique ?
Les patriarches antiques, qui trouvaient l'exil de cette
vie trop rapide pour y dresser une tente, se plaisaient
à monter les cîmes embaumées du Carmel, pour y contempler Dieu de plus près. Élie y préparait tantôt des
foudres pour les impies, tantôt une douce rosée pour
le peuple fidèle. La Vierge Immaculée, reine des patriarches et de tous les ordres religieux, y est montée
à son tour, dit la tradition confirmée par l'Église, et
a constitué elle-même ces pieux ermites en Ordre
religieux, d'où son nom glorieux d'Ordre de Marie.
Saint Louis les amena de Terre-Sainte et leur légua

en mourant son manteau royal; c'était pour la France une relique des Croisades. Et l'Orient et l'Occident continuaient de se donner rendez-vous au Carmel; là se trouvaient les plus nobles cœurs; leurs plus ardentes prières, leurs plus séraphiques contemplations.

Mais que comprendront à ce langage les fils de Satan?...

La hache! la hache! Détruisez! détruisez ce que les siècles ont fait de plus beau, ce qu'ils ont contemplé de plus ravissant!!!

***

Ici ce sont des Bénédictins! Soixante à la fois, à Solesmes, ils chantaient solennellement leur office quand l'armée de Satan est venue; à la vue de nouveaux barbares tous se sont étendus sur le sol. Ils ne veulent pas quitter cette terre de France qu'ils ont défrichée, qu'ils ont faite française et catholique, qu'ils ont, pendant quinze siècles, pétrie de prières, science et sueurs

« Tuez-nous l'un après l'autre, disent-ils et ensevelissez-nous près de nos frères, mais ne nous faites pas sortir de ce monastère. Vivre moines ou mourir! Vivre en France ou mourir! »

Et on les a emportés; il a fallu quatre hommes pour chacun, et on les a étendus dans la boue de la rue!! ces fils de saint Benoît! ces fils de saint Bernard! ces fils de Dom Guéranger!...

Pleure! pleure! ô chère France!!!

***

Ici sont les monastères des Dominicains!...

Qu'est-ce qu'un Dominicain?...

C'est la sainteté avec saint Dominique leur père, c'est le génie avec saint Thomas d'Aquin leur frère, c'est la liberté avec Savonarole, et c'est à la fois la sainteté, le génie et la liberté avec Lacordaire.

Encore ici, devant cette porte : une hache! une hache!

Et les sbires, en France, à Toulouse, où saint Dominique a fondé la merveille de son ordre; en France où Thomas d'Aquin a rendu ses oracles; en France où retentit encore la voix frémissante de Lacordaire; oui, ces sbires en France, à Toulouse, ont porté leurs mains maçonniques sur la blanche robe des Dominicains, et ceux que des catholiques apostats ont chassés de leurs monastères, les protestants les ont reçus dans leurs demeures et les ont reçus à genoux!

Voici les monastères des fils de saint François!

François, l'ami de Dominique et aussi l'ami de la France dont il a voulu porter le nom!

François le prodige!

François que le monde, qui n'a pas compris le Christ, a été obligé de comprendre, parce qu'ayant toutes les grâces, tous les charmes, toutes les amabilités du Christ sans l'infini de la divinité, il a été plus accessible à tous et s'est fait *frère mineur*, c'est-à-dire *frère petit*, pour vivre avec les plus petits, même les petits agneaux, même les petits oiseaux qu'il appelait ses frères. Et le monde s'est passionné d'amour pour lui, et les rois ont quitté leurs trônes et les empereurs leurs couronnes pour le suivre et marcher pieds-nus à sa suite. Et sous son contact de feu, de douceur et d'amour, le monde s'est renouvelé et un paradis nouveau, dont François était le nouvel Adam, a été créé sur cette terre!

Allons! allons!.. la hache encore la hache, broyez la porte de ce paradis!... Autrefois, c'était un ange qui en chassait Adam coupable, maintenant c'est un démon qui en chasse les anges !...

Et notre porte a été hachée et nos anges sont en exil !...

*
* *

Mes sanglots interrompent ces lignes !
...... Pauvre France !.. O ma Patrie ! ! !

*
* *

. . . .
. . . .
. . . .

*
* *

Après ces grands Ordres, tous les autres sont venus et ont fleuri sur notre terre si féconde ; vous en verrez les noms bien aimés et glorieux à la fin de ce chapitre, avec le nom du fondateur, l'époque et le lieu ; baisez chacun de ces noms, ce sont des saints, ce sont de grands bienfaiteurs de l'humanité, ce sont les grandes gloires de leur patrie !..

Baisez le sol de chacun de leurs monastères déserts et dites encore une fois : Pauvre France !... Pauvre France ! ! ! Mon Dieu, sauvez la France ! ! !

*
* *

Monsieur le ministre, vous nous dites : « Nous n'avons pas l'intention d'appliquer les décrets d'exécution aux congrégations de femmes. »

Vous ferez bien de ne pas y toucher !..

Gardez-vous bien même d'approcher !..

Thérèse, Claire, Jeanne de Chantal, gardent leurs filles ! ! La Vierge-Immaculée et le Christ sont là ! ! !

Thérèse tient dans sa main un trait de feu !

Claire le Sacrement des forts ! Et Jeanne de Chantal le Cœur de Jésus ! ! !

Marie-Immaculée, c'est une armée rangée en bataille! c'est la triomphatrice de Satan! c'est la vierge des vierges!

Le Christ, c'est le divin époux, le céleste époux des vierges!!!

Le jour où vous approcheriez, serait votre dernier jour!!!

*
* *

Exécution des Pères Carmes. — 16 octobre.

« L'ère du brigandage est ouverte de nouveau, s'écrie l'*Union du Midi* indignée de l'attentat sauvage accompli hier contre le collége de Sainte-Marie, et aujourd'hui contre les Carmes.

Nous vivons depuis quarante-huit heures dans une atmosphère odieuse et lourde qui pèse sur la conscience des honnêtes gens comme une terreur hideuse.

Hier un coup de force chassait d'une école libre des citoyens français.

Aujourd'hui, de tous les points de la France, des dépêches nous annoncent que des serrures sautent, que des portes sont enfoncées, que des moines sont traînés à la rue, que des scellés sont apposés sur les maisons de Dieu, que la persécution sévit dans toute la rigueur monstrueuse que nos tyrans savent déployer.

Les Franciscains à Béziers, les Barnabites à Paris, les Carmes à Montpellier, à Agen, à Pamiers, à Toulouse… et dans d'autres villes dont nous n'avons pas encore des nouvelles, ont été victimes d'un attentat sans nom.

Dans notre ville, le forfait a été doublé d'un guet-apens.

Ils sont venus comme des voleurs, profitant de l'incertitude dans laquelle les congrégations étaient

plongées, et du trouble causé par l'exécution du collége Sainte-Marie. Ils ont pénétré dans la maison con-
ventuelle des Carmes, après avoir essayé d'en interdire l'accès à tous les témoins ; ils ont renouvelé les
scènes révoltantes du 30 juin, et l'on a vu passer
dans nos rues, accompagnés par une poignée de gens
de cœur, des hommes, des Français, des saints dont
le nom n'est connu que par les bénédictions des pauvres et des malheureux...

Et la canaille était joyeuse ; elle hurlait, elle pro-
férait des insultes sans nom, sous les yeux de la police impassible.

Les triomphateurs d'aujourd'hui sont bien dignes
d'avoir de pareils courtisans.

Le jour de la justice luira.

Les aides de M. Constans télégraphieront ce soir à
leur chef :

« L'ordre règne à Toulouse. » Oui, sans doute, il y
règne ; il règne aussi à Agen, à Montpellier, à Pamiers, à Paris ; il règnera demain à Lyon, à Bordeaux, et dans toute la France.

C'est ainsi qu'il régnait à Varsovie quand les bourreaux tenaient la Pologne agonisante sous leur talon.

*
* *

Voici déjà les représailles de Dieu.

La France a son nouvel Ambroise. Voici la grande
nouvelle qui, le jour même de l'expulsion des Carmes,
fit tressaillir nos cœurs.

M&sup de Cabrières, évêque de Montpellier, comme
M&sup Freppel et tant d'autres de nos saints évêques,
venait de protéger lui-même ses chers religieux contre l'inique violence ; son cœur en est meurtri ; il prie
longtemps aux pieds des autels, et il se lève dans la
majesté de ses devoirs et de ses droits de Pontife, et,
en habit de cœur, il vient, accompagné de son grand

vicaire, frapper à la porte du cabinet du Préfet. La justice de Dieu y entre avec lui.

« Monsieur le Préfet, lui dit-il, je viens moi-même, pasteur et père des âmes, je viens protester, au nom de l'Église, contre la violation de la clôture et l'expulsion sacrilége des religieux de mon diocèse, et je vous rappelle l'existence des peines canoniques contre ceux qui commandent ou accomplissent de pareils actes. La plus terrible de ces peines est l'excommunication majeure ; sachez que vous l'avez encourue *ipso facto*, et que vous devez penser au salut de votre âme. »

Le coupable, foudroyé, se tut devant le Pontife admirable, et l'Église catholique a écrit un nom, un acte héroïque de plus dans ses fastes glorieux.

Exécution générale. — 3 novembre.

EXPULSIONS A TOULOUSE

C'est le grand jour des forfaits, le ciel semble se voiler de deuil comme à la scène du Calvaire, la croix est visiblement dans l'air et sur la terre, et au ciel tout pleure.

Racontons ce qui s'est passé sous nos yeux. Tous nos frères expulsés, ne faisant qu'un avec nous et buvant au même calice, se reconnaîtront dans ces lignes. Nous les recueillons en partie dans les journaux religieux de Toulouse.

Le jour arrive lentement, obscurci par une brume glaciale. On aurait cru la ville en état de siége, partout des patrouilles et des soldats.

Les exécuteurs des basses-œuvres reçoivent les derniers ordres de leurs chefs et se dirigent vers les couvents.

Les Capucins avaient été les plus menacés dès le début de la reprise des hostilités. Leur situation dans un quartier populaire, leur admirable charité et la sainte humilité de leur ordre éveillaient autour d'eux une sympathie ardente qui inspirait, nous le savons, aux agents de M. Constans, de sérieuses appréhensions.

Dès cinq heures, le couvent est cerné. Les maisons du quartier s'éclairent; les fenêtres s'ouvrent : une émotion profonde se communique à ce vaste quartier populeux et, aux sons de la cloche d'alarme, on voit accourir sur les bords du canal, derrière la ligne d'infanterie, des habitants de tous les points de la ville. A 5 heures 20 minutes, la gendarmerie se présente à la porte extérieure du couvent.

La police arrive à six heures précises dans trois voitures de place.

Aussitôt, une nuée d'argousins, de gardes-chiourmes et de valets s'abat sur le seuil et le siège commence.

La police est commandée par MM. Carton et Dalous, commissaires de police.

Après les sommations faites fort inutilement, le premier coup de hache est donné. Il retentit dans tous les cœurs comme le signal du crime.

La porte résiste. Les pompiers s'acharnent contre le mur, sous l'œil impassible des hauts policiers ; une brèche assez large pour donner passage au corps d'un homme est bientôt pratiquée. Quelques pompiers et des ouvriers s'y précipitent.

M. Dalous ne craint pas de compromettre son écharpe flétrie et s'empresse de franchir la brèche.

Le travail de déblaiement à l'intérieur demande de longs instants. O surprise ! une grosse chaîne retient les deux battants surmontés d'une croix. Un pompier n'a pas hésité à grimper et à frapper à coups redoublés cette chaîne à laquelle il est difficile de toucher sans profaner la croix.

Après quarante minutes, la porte est ouverte. Aussitôt cinq gendarmes à cheval dont un adjudant, un peloton d'infanterie et toute là police se précipitent dans l'allée.

M. le comte Victor d'Adhémar s'y trouve tout seul. La bande défile devant lui.

Puis tout à coup, se ravisant, M. Dalous se retourne et, sans se découvrir, il s'écrie d'une voix rogue : « Que fait ce monsieur? »

« Je ne reconnais à personne le droit de m'interroger ni de me toucher, répond M. d'Adhémar. Je suis dans une propriété privée. »

— Empoignez-le ! dit le commissaire.

Aussitôt huit sergents de ville se précipitent comme des bêtes fauves sur M. d'Adhémar et sans même l'inviter à sortir, ils l'entraînent et le frappent.

M. d'Adhémar proteste très-vaillamment; et il arrive dans la rue où il est reçu par des acclamations et chaudement félicité.

Cette expulsion brutale ouvrait dignement la série des attentats qui allaient se commettre dans cette sainte maison.

*

Dès quatre heures du matin, le Saint-Sacrifice de la Messe est célébré dans la chapelle du couvent au milieu du recueillement solennel de tous les témoins.

Le R. P. Marie-Antoine termine le Saint-Sacrifice par des prières spéciales dont la ferveur émeut toutes les âmes.

Puis l'assistance conduit processionnellement à travers les longs corridors du cloître, le Saint-Sacrement, pour le soustraire aux profanations et aux sacriléges des envahisseurs.

C'était un spectacle d'une majesté imposante.

Qu'ils étaient beaux ces pieux chrétiens faisant cortége à leur Dieu, au chant du *Miserere,* tandis qu'au dehors une foule d'énergumènes se préparait à le trahir en portant une main sacrilège sur les religieux voués à sa garde et à son culte.

Le R. P. Marie-Antoine dépose le Saint-Sacrement dans le tabernacle et répète trois fois le *Parce Domine.*

Un bruit sinistre vient alors frapper nos oreilles.

Le mot « les voilà » circule de bouche en bouche ; on se précipite vers les issues, chacun prend son poste d'honneur avec le sang-froid et la dignité inséparables de la noblesse et de la grandeur de la cause qu'on va défendre.

Le P. Marie-Antoine se tient, avec tous les témoins, dans une petite salle donnant sur le parloir par une grande ouverture.

Enfin, ils arrivent... les crocheteurs sont en nombre. Nous les voyons monter l'escalier qui conduit à la plate-forme de la chapelle ; leur démarche est assurée, leur front haut.....

Un déploiement considérable de gendarmes, d'agents de police et de serruriers-crocheteurs leur fait cortége.

Le P. Marie-Antoine attire leur attention vers l'endroit où il se trouve au milieu des témoins.

MM. Carton et Dalous paraissent chapeau bas.

A peine sont-ils arrivés, le P. Marie-Antoine, avec la dignité inhérente au droit opprimé, lit la protestation suivante :

Protestation du R. P. Marie-Antoine.

Monsieur,

Ne dites pas : je viens ici au nom de la loi, car c'est la loi elle-même qui proteste contre vous.

Elle se dresse ici devant vous dans sa majesté inviolable et elle vous dit : Arrête malheureux ! que fais-tu ?

Tu foules aux pieds tous les droits à la fois, tu violes toutes les lois divines et humaines en profanant la sainte demeure des religieux et en violant le domicile d'un citoyen français.

Tu foules aux pieds la liberté sacrée de la conscience et le droit sacré de la propriété.

C'est au nom de ce droit sacré, c'est comme citoyen français que je vous arrête.

Vous avez en face de vous un citoyen français.

Allez au Capitole vous trouverez mon nom, Léon Clergue, écrit sur les registres de la mairie. Je suis citoyen Français, né en France de parents Français ; je suis électeur et éligible ; je suis propriétaire légal de cet immeuble dont j'ai toujours payé exactement l'impôt ; j'ai acheté moi-même le terrain et j'y ai fait bâtir ce que vous voyez. Voici mon titre, voici mon contrat d'achat passé devant M⁰ Jules Amilhau, notaire à Toulouse, le 18 septembre 1857. »

J'habite dans cet immeuble depuis cette époque, avec les amis de mon choix, comme la loi française m'en donne le droit, et personne ne peut pénétrer dans mon domicile sans ma permission. De quel droit, messieurs, avez-vous forcé ma première porte d'entrée avec effraction, comme font les malfaiteurs ?

Je vous arrête devant cette porte de clôture; elle est sacrée ! Ces messieurs qui m'entourent sont mes témoins.

C'est devant ces messieurs que j'affirme mes droits de citoyen Français et que j'en revendique l'exercice inviolable.

Si je suis religieux ou non, le gouvernement n'a aucun droit de s'en occuper, ceci est du for intérieur ; ceci se passe entre Dieu et moi.

Cette demeure est mon domicile de citoyen Français ; il m'est libre d'y réunir tous les jours jusqu'à dix-neuf autres citoyens Français ; et, si au lieu de les y réunir périodiquement je les y fais domicilier avec moi, je n'ai pas besoin de les compter.

Voilà la loi de mon pays. (Code pénal art. 291.)

Le gouvernement ne peut nous en faire sortir que pour cause de crime ou de délit ; il faut pour cela que le juge rende préalablement sa sentence : voilà les lois actuelles de la France. Nous ne sommes plus au temps où les religieux formaient une catégorie à part. Par ces lois actuelles, tous les religieux sont entrés dans le droit commun ; par ces lois actuelles, tous les religieux sont AUTORISÉS, remarquez bien ce mot, à exister en France, au titre de citoyen Français ; seulement parmi tous ces religieux, les uns sont favorisés de faveurs particulières ; les autres, ne le sont pas. Nous, Capucins, nous sommes de ces derniers ; nous ne voulons pas de faveurs particulières, nous voulons rester sur le terrain du droit commun ; il est assez large pour nous ; les droits communs à tous les citoyens Français nous suffisent ; personne ne peut nous obliger à en demander davantage ; mais aussi personne ne peut nous en donner moins ni nous en enlever une parcelle.

C'est au nom de ces droits que je vous arrête à cette porte et vous rend passibles des peines portées par le Code pénal (art. 184), contre les violateurs de domicile.

Et ne parlez pas d'Arrêté du Préfet ; il n'a le droit de vous donner un mandat de franchir le seuil de la porte d'un citoyen que s'il y a crime ou délit.

— Or, je vous le demande, quelle loi avons-nous violée! Où est la loi française qui défend à un propriétaire de garder dans son domicile des amis et des frères? où est la loi française qui défend de s'habiller selon ses goûts? où est la loi française qui défend de se lever à minuit pour prier et faire pénitence? où est la loi française qui défend de nourrir des pauvres à la porte de son domicile? — Monsieur, voilà ce que nous faisons ici. Encore une fois, où est le crime et le délit? Votre mandat est non avenu, et dans quelques instants je vous ouvrirai le Code français pour vous dire ce que je veux en faire.

— Je vous arrête donc en présence de ces Messieurs, à cette porte. — Persistez-vous à la forcer? Répondez. (M. le commissaire a répondu : Oui.)

Eh bien, puisque vous persistez, je vais parler en votre personne au gouvernement tout entier que vous représentez et qui va forcer ma porte avec vous ; ma protestation doit être solennelle.

PROTESTATION SOLENNELLE

La première parole que je dois vous dire est celle-ci.

Mon ami, qu'êtes-vous venu faire ici? Jésus-Christ mon Dieu et mon Maître l'a dite au malheureux qui est venu à la tête de la légion des agents de police de son époque pour s'emparer de lui.

Il le trahit par un baiser. Vous, monsieur le commissaire de police, vous êtes très-poli ; mais sachez-le bien, votre politesse couvre un crime de haute trahison.

Un homme, et surtout un Français, ne doit jamais accomplir un acte semblable, quelque place qu'on lui offre, quelque argent qu'on lui donne ; il vaut mieux manger du pain noir. Vous rendez malheureux à tout jamais votre épouse et vos enfants ;

ils rougiront du nom de leur père, et de génération en génération, tous les descendants, tous les parents auront à rougir du nom de tous ceux qui commandent ou accomplissent ces forfaits.

Oui, par l'acte que vous accomplissez, ce jour devient un jour de deuil pour l'Eglise, pour la France et pour Toulouse.

Pour l'Eglise dont vous êtes les fils baptisés. — Avez-vous bien réfléchi, monsieur, à ce que vous allez faire? Savez-vous bien qu'en expulsant votre Dieu de son tabernacle et en mettant les scellés sur les portes de son Temple, vous commettez le plus grand des sacriléges? Savez-vous bien qu'en chassant les religieux de leur demeure et en mettant les mains sur leur personne sacrée, vous commettez encore un horrible sacrilége, et que l'Eglise, votre si bonne mère, est obligée de vous excommunier, c'est-à-dire de vous voir tomber, par votre faute, sous la malédiction de Dieu? Oui, sachez-le bien, vous, MM. Carton et Dalous, et tous vos agents qui venez ici, M. le préfet Merlin, plus coupable parce qu'il vous envoie, et M. le ministre Constans, plus coupable que tous parce qu'il donne les ordres suprêmes, oui, sachez-le bien, vous encourez tous, par le seul fait, l'excommunication majeure.

A ce mot, l'orgueil coupable a beau singer le rire, en réalité il se tord foudroyé.

Ce jour est un jour de deuil pour la France. Oui, vous humiliez aujourd'hui devant toutes les nations du monde cette patrie si chère, si noble!

Ce jour est un jour de deuil pour Toulouse, la ville des preux chevaliers, des nobles croisés et des saintes Reliques. — Vous forcez aujourd'hui, malgré elles, la France et Toulouse à être ingrates.

Allez à la préfecture, où habite M. Merlin qui vous envoie. Vous trouverez aux archives, dans les annales de la ville, qu'il y a bientôt trois cents ans une affreuse peste a sévi dans la France entière et dans la ville de Toulouse en particulier. Quels sont ceux qui se sont dévoués entre tous? Vos annales affirment que ce sont les PP. Capucins, et Toulouse et la France votèrent des actions de grâces [1]

Vous direz peut-être, c'est sous la royauté que ces choses se sont accomplies. Sachez, monsieur, qu'elles se sont accomplies aussi sous la République.

En 1849, sous la République, Marseille fut ravagée par le choléra. Tous les Capucins se dévouèrent jusqu'à la mort, et le Conseil municipal de la ville, le Maire en tête, se transporta au couvent de nos Pères, pour leur offrir la médaille d'honneur. Je mets le texte dans vos mains [2] :

[1]. M. Rodière, de si pieuse et si chère mémoire, a consigné ce fait dans des pages admirables écrites en 1857 pour le rétablissement des Pères Capucins à Toulouse.

[2]. « MARSEILLE RECONNAISSANTE

« CHOLÉRA DE 1849.

« Récompense civique accordée à M. le Supérieur des Pères Capucins de la maison de Marseille, rue Croix-de-Reynier.

« Le Conseil municipal de la ville de Marseille, par délibération du 10 juin 1850, a décerné une médaille d'argent et un diplôme pour perpétuer le souvenir du dévoûment des citoyens qui ont bien mérité de la cité pendant la durée de l'épidémie.

« Donné à Marseille, en l'Hôtel-de-Ville, le 10 novembre 1850.

« *Le maire de Marseille*,
« DE CHANTÉRAC. »

Le maire de Marseille a accompagné l'envoi de ce diplôme de la lettre suivante :

« Monsieur le Supérieur,

« Le Conseil municipal ne pouvant, à son grand regret, récompenser chaque père en particulier, a

A la même époque, un des Pères de ce couvent de Toulouse n'étant pas encore religieux se dévouait à Paris pour le soin des malades. Le conseil municipal de la ville de Paris lui a décerné un brevet d'honneur. — Il vous en lira lui-même le texte quand vous mettrez la main sur lui dans sa cellule, si vous osez le faire [1].

Et maintenant votre gouvernement ose accomplir ces choses ! Est-ce possible ! Tout gouvernement a le devoir sacré de protéger, et de défendre partout la liberté et le droit, et vous, représentant

voulu au moins témoigner de sa reconnaissance à la communauté tout entière en la personne de son honorable supérieur.

« Recevez... »

1. « RÉPUBLIQUE FRANÇAISE

« MAIRIE DE PARIS

« *Administration générale des hôpitaux, hospices civils et secours à domicile.*

« Paris, 20 septembre 1848.

« Citoyen,

» Vos fonctions cessent, et je suis heureux de vous remercier. Votre conduite est au-dessus de l'éloge.

« Je vais adresser un rapport au préfet de police et au ministre de l'intérieur sur vous.

« Je dirai la vérité. Je vous recommande au gouvernement de la République qui vous tiendra compte de vos loyaux services.

« Salut et fraternité.

« *Le vice-président de la Commission sanitaire pour les inculpés de juin,*

« THURRI.

« *Au citoyen Passerou, pharmacien, au fort de Romainville (aujourd'hui révérend père Luc, au couvent de Toulouse).*

du gouvernement, vous venez ici pour les violer ! Est-ce possible ?

Je proteste donc encore une fois comme religieux et comme Français ; je proteste au nom de tous mes Pères et Frères, je proteste au nom de la France, et au nom de Toulouse.

Je proteste au nom de tous nos bienfaiteurs qui nous ont soutenus par leur charité.

Je proteste au nom de tous les pauvres qui, à l'endroit même où vous vous trouvez, ont été nourris chaque jour. Je proteste au nom des pauvres orphelins, des pauvres veuves qui viennent y pleurer chaque jour et y chercher des consolations. Voyez si vous pouvez briser tous ces cœurs à la fois !

Je proteste surtout au nom de vos âmes. Pauvres âmes ! Vous les sacrifiez à Satan pour un vil intérêt, et elles ont coûté le sang de Jésus-Christ. Ayez pitié de votre âme, monsieur le commissaire, ayez pitié de votre âme !

Mon avoué vous lira dans un instant ma protestation comme propriétaire et mon appel aux tribunaux.

Après ce que vous venez d'entendre, monsieur le commissaire, vous devriez vous arrêter et aller porter votre démission à M. le préfet ; de nobles exemples vous sont donnés. Celui qui nourrit les oiseaux du ciel vous comblerait de ses biens.

Si vous allez en avant, n'oubliez pas ce que je viens de vous dire : Vous commettez à la fois un délit contre la loi dont j'appelle aux tribunaux, un sacrilége et un crime de lèse-humanité.

Messieurs les témoins, si admirables de dévouement, l'acte que nous accomplissons ici est grave.

Il faut nous recueillir. Ce n'est pas sans y avoir réfléchi mûrement et avoir beaucoup prié que nous l'accomplissons. C'est une question de vie ou de mort pour la société. Nous défendons ici le droit de propriété qui est le corps de la société; nous défendons le droit de la conscience qui en est l'âme.

Nous sommes ici au-dessus des questions de parti, nous sommes dans le domaine éternel du droit.

Nous résistons à l'acte arbitraire du gouvernement de notre pays; mais nous ne sommes pas des insurgés, nous sommes les défenseurs du droit et par conséquent de Dieu, en qui sont tous les droits et en dehors duquel aucun droit n'existe.

Les insurgés perdent les nations, les défenseurs du droit les sauvent.

Sachez-le bien, monsieur le commissaire, et dites-le à votre gouvernement : cette sainte cause de Dieu et du droit, nous, religieux, nous la défendrons jusqu'aux cachots, jusqu'au martyre, et ces messieurs jusqu'aux dernières limites du sacrifice. Tous nous verserons pour elle jusqu'à la dernière goutte de notre sang ; tous nous combattrons pour la sainte cause de Dieu et des saintes libertés des enfants de Dieu. Vous les avez foulées aux pieds toutes pour arriver jusqu'ici ; nous les défendrons toutes, nous combattrons pour toutes, et, sachez-le bien, NOUS VAINCRONS.

Pendant que le R. P. Marie-Antoine lisait cette protestation, M. Carton a voulu l'interrompre ; mais le P. Marie-Antoine l'a dominé par la puissance de sa parole.

M. de Belcastel, l'intrépide et éloquent défenseur des causes catholiques, était debout à la droite du P. Marie-Antoine ; lui aussi veut protester au nom des témoins émus jusqu'aux larmes ; cette scène était d'une grandeur indescriptible !

M. le commissaire veut enchaîner cette parole vibrante en lisant l'arrêté.

M. de Belcastel ne se trouble pas. Il continue de

lire et de protester : la voix tremblante de M. le commissaire de police est couverte par les retentissements de cette voix mâle et dominatrice.

Protestation de M. de Belcastel.

Monsieur le commissaire de police,

Vous avez entendu le sublime langage du sacerdoce catholique.

Simples laïques, nous n'avons pas le droit de monter jusqu'à ces hauteurs.

Mais nous avons, à notre tour, un devoir à remplir.

Témoins de l'acte criminel qui s'accomplit contre des citoyens profondément dévoués à leur patrie et de saints religieux dont s'honore Toulouse, la France et l'Église, nous protestons de toute l'énergie de nos consciences contre cet attentat, nous protestons devant vous, qui en êtes ici, aujourd'hui, le triste exécuteur.

Nous protestons au nom de la liberté individuelle et du domicile violés, au nom de nos lois civiles méconnues, au nom du droit naturel et éternel qu'ont en tout pays la charité, le dévouement, l'esprit de sacrifice, de mettre en commun leurs vœux et leurs mérites, afin de mieux prier pour les hommes de mal qui les persécutent, et de rendre eux-mêmes plus de services à l'humanité.

Nous protestons au nom de la France, que l'on déshonore en frappant le catholicisme, qui est sa force vitale et sa meilleure gloire.

Nous protestons au nom de l'avenir, qui réparera, soyez-en sûr, les iniquités du présent.

Nous protestons au nom de cette chapelle déserte, d'où vous chassez Dieu et le peuple qui vient l'y adorer, mais où ce Dieu proscrit rentrera tôt ou tard triomphant et vengé.

Nous protestons aussi, comme témoins, des vertus héroïques de ces moines que vous allez de vive force expulser de leur demeure austère. Oui, ces hommes admirables, dont la vie est si forte et si pure que ceux qui vous envoient n'en voudraient pas vivre huit jours; ces pauvres qui nourrissent tant de pauvres, ces apôtres qui guérissent tant d'âmes, — peut-être vous-même en savez-vous quelque chose, — nous sommes ici pour leur rendre hommage.

Nous sommes fiers, au milieu de la douleur commune, sous le coup de la violence dont ils sont victimes, en face des injures et des calomnies dont, par la complicité de vos maîtres, ils sont tous les jours abreuvés, nous sommes fiers de leur faire ici un rempart de nos âmes, de nos poitrines dans la rue, s'il le faut, contre les agressions brutales. Nous leur vouons plus haut que jamais un attachement qui ne finira qu'avec la vie et des respects qui grandiront autant que les outrages.

Et maintenant, monsieur le commissaire de police, allez jusqu'au bout, brisez les portes des pauvres Pères capucins. Ce n'est pas plus difficile qué glorieux. Mais, sachez-le bien, la justice humaine a parfois, pour tous les complices d'un acte coupable, des revendications sévères, et la justice de Dieu frappe toujours à coup sûr ceux qui ont le malheur de toucher au prêtre et à l'autel. »

On reconnaît à ces accents le grand orateur de nos assemblées politiques; mais qui pourra dire tout ce que cette circonstance solennelle leur donnait de puissance et de majesté?

M. Saint-Pé, avoué, prend la parole et signifie l'exploit signé par tous les témoins en faisant toutes les réserves de droit; en voici le texte :

« En présence de l'exécution illégale dont ils sont l'objet, les citoyens français habitant dans ce domicile, ainsi que leurs témoins soussignés, requièrent l'agent de l'autorité de leur donner acte, en l'insérant dans son procès-verbal de la protestation suivante :

« Attendu qu'aucune loi n'interdit à des citoyens français la faculté d'habiter et de vivre en commun ;

« Que l'article 291 du Code pénal n'est pas applicable aux congrégations religieuses ; que, alors même qu'il le serait, les personnes domiciliées dans la maison ne comptent pas.

« Que la loi du 10 août 1834, qui se réfère à l'article 291, n'a pas, dans la question, d'autre portée que ledit article ;

« Déclarent ne céder qu'à la violence, et réserver formellement tous droits de poursuite au civil et au criminel, pour violation de domicile et de la liberté individuelle, contre tout agent ou fonctionnaire public qui aura coopéré à cet acte de violence ou l'aura ordonné.

« Toulouse, le 3 novembre 1880. »

Ont signé, les Pères et leurs témoins.

MM. de Belcastel, ancien sénateur de la Haute-Garonne ; Charles de Raymond Cahuzac, ancien préfet ; Antoine du Bourg ; Joseph du Bourg ; Bert, ingénieur en chef en retraite ; de Latour-Landorthe, ancien officier de cavalerie ; de Merlis ; Despéramont ; de Saint-Simon ; Léon Castelbert, avocat ; de Pardailhan, ancien officier de cavalerie ; comte Begouën, ancien trésorier-payeur général ; François de Salignac-Fénelon ; Lasserre ; Jules André ; Georges Maisonneuve ; Emmanuel de Raymond-Cahuzac ; Eugène Reynis ; Jean de Marigny ; Moulas ; Laurent ; Catalan ; marquis de Scoraille.

Après la protestation de la loi, l'honorable M. de Belcastel fait observer à M. Carton qu'il doit relire l'arrêté préfectoral, les témoins n'ayant pu entendre ce qu'il avait eu l'inconvenance de lire pendant qu'il faisait sa protestation.

M. Carton obéit. Le R. P. Emmanuel, premier définiteur de la Province, proteste et déclare que ses religieux ne cèderont qu'à la force.

Tous les témoins renouvellent leurs protestations, et déclarent qu'ils ne cèderont qu'à la violence et qu'ils feront leur devoir jusqu'au bout.

MM. Carton et Dalous donnent l'ordre aux pompiers et aux crocheteurs d'avancer.

Des coups de hache formidables se font entendre et retentissent lugubrement sous les voûtes du cloître.

La porte est solidement étayée; les crocheteurs, après l'avoir littéralement hachée, se trouvent en présence d'un obstacle imprévu : de lourds et épais madriers de chêne doublaient la première porte; impossible de les entamer : les haches s'émoussent, les ciseaux se cassent.

MM. les commissaires tournent la difficulté; ils avisent la grille derrière laquelle ils avaient parlementé : des leviers et des haches en ont vite raison.

MM. Carton et Dalous passent triomphalement par la brèche, joignant ainsi l'escalade à l'effraction.

Ils sont maîtres de la place; les serruriers se précipitent à leur suite, et s'empressent de démolir la barricade extérieure qui avait déjoué tous leurs efforts.

Une fois dans le cloître, les exécuteurs se trouvent en présence du P. Marie-Antoine, de M. de Belcastel et de quatre témoins.

Les autres témoins après avoir entendu la protestation, sont venus assister les Pères dans leurs cellules. La police pénètre dans chacune par la violence.

Chaque Père proteste, et déclare, en présence de ses deux témoins, ne vouloir céder qu'à la force. Celle-ci est employée.

M. de Belcastel le constate chaque fois et d'une manière accentuée.

M. Dalous, impatient, s'échappe à dire que cette résistance *est ridicule*. M. de Belcastel réclame immédiatement, et l'oblige à retirer cette parole.

M. Dalous la retire.

Le R. P. Luc ne veut sortir de sa cellule qu'après avoir donné lecture du brevet d'honneur cité plus haut. Après l'avoir lu, il tombe à genoux, dit une prière pour ses persécuteurs et baise, en l'arrosant de larmes, le pavé de sa chère cellule! Qu'il était admirable, ce vieillard!... et la République lui avait promis, il y a trente-deux ans, de toujours le protéger, de toujours le défendre!.....

Le R. P. Fulgence et le R. P. Antonin laissent dans les mains des commissaires leurs admirables protestations :

Protestation du P. Fulgence.

« Vous avez entendu nos protestations communes contre la violation des droits de propriété, de domicile, et de liberté individuelle ; et vous venez continuer ici, sur ma personne, vos attentats. Je proteste en mon nom personnel et je vous avertis que je me réserve des revendications légales de dix années. Dites bien à ceux dont vous vous faites les instruments aveugles, qu'ils commettent un acte de démence incomparable. Dieu est éternel et nos âmes immortelles. Tant qu'ils n'auront pas anéanti l'âme de celui qui vous parle, elle ne cessera d'invoquer la justice souveraine. Mais à l'heure présente, disciple d'un maître crucifié, je m'écrie avec lui : « Mon Dieu ! pardonnez-leur, ils ne savent ce qu'ils font. »

Protestation du P. Antonin.

« En présence de Dieu qui nous voit et nous jugera, et qui déjà vous frappe de ses excommunications ;

« En face de la France qui est représentée à la porte de cette pauvre cellule par ces témoins courageux et indignés de tous vos attentats,

« Je proteste, avec toute l'énergie de mon indignation, contre les violations que j'ai à subir dans mes droits éternels de liberté de conscience, de liberté personnelle et de domicile, — indignités qui n'apparaissent dans notre histoire qu'aux heures néfastes, de décadence, de désordre et de tyrannie ; — indignités que je ne croyais pas avoir la douleur de voir se renouveler dans les temps de civilisation.

« Allez dire à vos maîtres qu'après avoir foulé aux pieds la *liberté*, ils devraient encore effacer des murs de nos édifices, du dictionnaire français et de leurs discours le mot sacré de *fraternité*. S'ils croyaient à l'humanité, ils n'auraient pas abusé, pendant quatre mois, envers leurs victimes, de la souffrance morale. Quand on se croit fort de son droit, on signifie au coupable une heure claire et précise, et l'on frappe juste et fort.

« Messieurs les commissaires, je vous plains beaucoup.

« Sachez-le bien, cependant, je ne sortirai de mon domicile qu'expulsé par l'ignoble force brutale.

« Sachez-le également, je demanderai devant les tribunaux de ma patrie justice contre vos attentats. »

Un jeune religieux ne dit que trois mots, mais sublimes : « J'en appelle au tribunal de votre conscience : elle vous a déjà condamné. J'en appelle au tribunal des hommes, il vous condamnera à l'heure de la justice.

« J'en appelle au tribunal de Dieu, et afin que

celui-ci ne vous condamne pas, pensez à la mort. »
Et prenant une tête de mort aux pieds de son crucifix, il l'offre au commissaire.

Le commissaire lit de nouveau l'arrêté du préfet à
toute la communauté réunie et déclare que toutes
les précautions sont prises pour que les personnes
honorables qui vont sortir soient protégées jusqu'au
bout contre les insultes qui pourraient se produire.

Des insultes!!!... nous ne voyons en sortant que
des mouchoirs qui s'agitent, des fleurs qui tombent,
nous n'entendons que des vivats, des larmes sont
dans tous les yeux, la colère sur tous les visages.

La sortie des Capucins. — Les ovations.

Le Père Marie-Antoine est sorti avec ses frères. Il
a paru le premier sur le seuil. Une démonstration
splendide a lieu, elle fait un consolant contraste avec
les hideuses scènes de tout-à-l'heure.

Des maisons voisines s'élance une foule de tout
rang, de tout sexe et de tout âge.

Deux vicaires de la paroisse Saint-Etienne, dans
laquelle est située le couvent, se précipitent des premiers et embrassent avec émotion les proscrits.

Applaudissements, acclamations, pluie de fleurs, de
verdure et de couronnes : Vivent les capucins.

Nous nous précipitons, les yeux pleins de larmes,
le cœur gonflé d'émotions vers ces martyrs sur les
pas desquels s'élève une émotion indescriptible. Au
loin une rumeur immense répond à nos cris de :
Vive la liberté! A bas les décrets!

Les cavaliers mettent le sabre au poing; les gendarmes prennent la tête du cortége, et les soldats
forment la haie. C'était une marche triomphale.

La manifestation grossit à chaque pas. Les Pères
sont portés plutôt qu'ils ne marchent. Toutes les rues
adjacentes regorgent de monde. Les fenêtres s'ou-

vrent, les fleurs pleuvent, et les vivats montent toujours.

On traverse ainsi les francs-bords du canal, la rue des Potiers, la rue de la Brasserie, le côté du grand Rond. A peine quelques cris discordants et à distance. Ce n'est qu'un petit groupe de jeunes voyous payés pour la circonstance.

Le cortége arrive enfin devant l'hôtel de M. de Belcastel, au Jardin-Royal. C'est là que plusieurs Pères doivent recevoir l'hospitalité.

Une longue ovation est faite aux religieux. Tous les fronts se découvrent. Les applaudissements retentissent, nourris, éclatants, vengeurs !

Tous les Pères, sur les désirs réitérés de la foule qui pleure et applaudit, paraissent au balcon pour la bénir.

Les assistants s'inclinent et relèvent la tête en criant : *Vive la liberté ! Vivent nos bons Pères !*

La liberté, si odieusement meurtrie, a été vengée par les revendications courageuses, indomptables et vibrantes des hommes de cœur les plus honorés et les plus intègres de la cité.

Si les proscrits avaient eu besoin de se justifier devant la France, ils n'auraient eu qu'à s'écrier :

« Voyez ceux qui nous persécutent et ceux qui nous acclament ! »

Du côté de ces derniers, l'honneur, la probité, le nom intact, la foi et le courage.

De l'autre, les âmes vénales, les cœurs corrompus.

*
*

J'étais resté dans notre couvent solitaire, où j'ai été laissé comme propriétaire légal en compagnie du T.-R.-P. Emmanuel et de notre si bon, si vénéré frère Rufin, portier de notre monastère, et toutes les voix de la ville entière arrivaient à nous à la fois sur notre colline désolée. Aux acclamations qui accompagnaient nos pères exilés et triomphateurs, se joignaient celles qui accompagnaient nos frères bien aimés : dominicains, maristes et calvairiens. Tous avaient soutenu les mêmes assauts, tous avaient ressenti les mêmes douleurs, tous avaient livré les mêmes combats, tous avaient remporté la même victoire.

Il me semblait entendre tous les Dominicains de France protester à la fois dans ce cri sublime de leur T.-R.-P. Pascal, redit à la tribune de notre assemblée par le grand député Keller :

« Je suis une liberté, monsieur le préfet, puis-je dire avec le père Lacordaire, dont j'ai l'honneur de porter l'habit, cet habit que vient de toucher la main de votre police, et dans ma personne vos agents ont violé la double liberté du citoyen et du catholique.

« A la force brutale, j'oppose la résistance du droit. De la violence qui n'a qu'une heure, j'en appelle à la justice de mon pays, à la justice immortelle de Dieu, j'en appelle à la conscience de tous les honnêtes gens et à l'opinion publique, qui ne comprend pas que l'on emploie la chevaleresque épée de la France à guerroyer contre des moines. »

Ainsi protestent et protesteront toujours les nobles fils de saint Dominique, de Thomas d'Aquin et de Lacordaire.

A Toulouse, de vaillants catholiques, leurs témoins et leurs défenseurs, protestaient avec eux : MM. Frédéric de Lacroix, Malafette, Catala de Bruzaud, Mercadié, de Raymond-Cahuzac (Georges), de Labarthe-Mallard, Jaffary, le marquis d'Ayguesvives, le marquis d'Advisard, Georges de Peyrecave, Gabriel Sabatié, Charles, Folie Desjardins, Ducros, Jalabert Lugagne, Henri de Montbel, Sénac, de Welles, Lamary, de Reynes, Paul de Montbel.

Ces nobles défenseurs accompagnent dans leur triomphe ces nobles victimes. Dieu conduit providentiellement le cortége vers la cathédrale, en face de cette chaire où le grand Lacordaire a fait entendre pour la dernière fois sa grande voix. Arrivés à l'hôtel Courtois, qui leur a été offert si gracieusement comme refuge, ils entendent ces admirables paroles dictées par un grand cœur, qui par son acte sublime d'hospitalité chrétienne, a conquis en ce beau jour le droit à nos fraternelles espérances.

« Mes Pères,

« Vous êtes les bienvenus dans ma maison; je « vous reçois avec bonheur, au nom de la Liberté et « et au nom de la Religion. Je vous abandonne com- « plétement ma maison, elle est entièrement à vous. »

Ces espérances, qui réjouissent nos cœurs et dont la réalisation si désirée sera pour cet hôte si noble, si généreux la plus belle récompense, la chère Angleterre veut nous les faire concevoir pour elle-même.

**

L'Union de l'Église anglicane a envoyé au Cardinal-archevêque de Paris la protestation suivante contre les persécutions exercées en France envers les ordres religieux. Cette Union, qui représente toute la haute Église d'Angleterre, comprend douze évêques, deux mille cinq cents membres du clergé.

« Londres, 9 novembre 1880.

« Monseigneur,

« Au nom de la liberté si chère aux Anglais, les soussignés, membres du clergé de l'Église d'Angleterre ou laïques appartenant à cette communion, désirent exprimer à Votre Eminence, et par l'intermédiaire de Votre Éminence à tous les catholiques de France, l'indignation que leur cause la persécution à laquelle les Ordres religieux sont actuellement soumis en France.

« Nous ne pouvons entendre parler de couvents violés, de chapelles profanées et d'hommes recommandables par leur piété et leurs bonnes œuvres jetés dans la rue sans asile et demeurer silencieux.

« Permettez-moi donc de faire parvenir, par Votre Éminence, aux victimes d'une aussi injuste persécution, l'expression de notre plus chaleureuse sympathie dans l'épreuve qu'elles supportent, et l'assurance que, quelles que soient les divergences qui subsistent malheureusement entre nous sur d'autres points, et quelques sérieuses qu'elles soient, en cette matière, nous sommes cœur et âme avec elles dans la noble lutte qu'elles soutiennent pour la cause sacrée de la liberté et de la religion.

« J'ai l'honneur d'être, Monseigneur, de Votre Éminence, le très-obéissant serviteur,

« CHARLES L. WOOD, président. »

* *

Nos bien-aimés Pères Maristes étaient eux comme une garde avancée sur un terrain volcanique, comme les trois enfants dans la fournaise, leur couvent se trouve placé dans notre ville, entre les lupanars et le temple maçonnique, la secte infernale les couvait des yeux et envoyait sa bave ; mais Marie, leur mère, qui les a conduits là par miracle pour y écraser bientôt la tête de Satan, Marie les gardait, et le R. P. Choisin, leur supérieur, a pu les bénir avec ses yeux pleins de larmes, au milieu de la foule émue ; ceux qu'on payait pour être méchants semblaient eux-mêmes être devenus, comme par miracle, pieux et recueillis.

MM. Charles Sacase, Laumond-Peyronnet, Xavier de Planet, Ernest Raymond, Louis Guiraud, Raymond de Cahuzac et Birot, capitaine en retraite, étaient leurs témoins et leurs anges visibles envoyés par la Reine du ciel.

* *

Nos bien-aimés Pères Calvairiens, plus heureux que tous, avaient pour gardien et défenseur le Père aimé de tous, le vénéré pasteur du diocèse, Son Éminence le Cardinal-Archevêque de Toulouse.

Il venait mettre à la fois à l'abri, sous sa grande autorité, ses fils, nos bien-aimés frères les missionnaires du Sacré-Cœur, et son propre domicile, la maison du Calvaire qui est la maison-mère de la Congrégation; cette maison appartient en propriété aux archevêques de Toulouse, depuis 1822. Ni Son Eminence, ni ses fils, ni son domicile n'ont été respectés.

M. Peyroulet, commissaire de police, a répondu à Son Eminence qu'il n'avait pas qualité pour discuter ses titres et écouter ses plaintes et que tous, cardinal et prêtres, devaient sortir.

Alors le Cardinal-Archevêque, s'est assis dans son fauteuil, et regardant en face, avec une noblesse et une sublime majesté, le valet audacieux :

« JE PROTESTE, a-t-il dit, ET JE DÉCLARE QUE JE NE CÈDERAI QU'A LA FORCE. »

Le valet appelle deux agents de police. A la vue du Pontife, ils restent interdits.

Le valet s'approche alors lui-même, il lève la main et la pose sur l'épaule du Pontife impassible. Et cette main n'est pas tombée à terre desséchée !!! Oh ! mon Dieu ! quand viendra le jour de votre justice ?...

Le grand cœur du cardinal d'Astros est là dans son urne funéraire, au milieu de ses enfants. Anges du ciel, vous seuls pourriez nous en raconter les saintes et frémissantes indignations!

Victime de la violence, Son Eminence se lève aussitôt et se retire, chassé de son domicile avec ses missionnaires bien-aimés.

Leurs frères de Nazareth, de Pibrac et de Notre-Dame d'Alet étaient chassés comme eux; mais le cœur de ceux de Toulouse, en quittant leur sainte communauté, était déchiré deux fois : ils laissaient là, solitaire dans son tombeau, désormais désolée, une grande et illustre mémoire !!!

Le jour même, M. le ministre de l'intérieur et des cultes était saisi de cette énergique protestation :

« Monsieur le ministre,

« Il est de mon devoir de vous signaler un des « actes les plus révoltants auxquels a donné lieu « l'exécution des décrets du 29 mars dernier.

« Ce matin, je consolais, au moment de l'épreuve, « *quelques prêtres auxiliaires* soumis à ma juridic-« tion, quand un agent de la police, s'autorisant d'un « prétendu mandat, n'a pas craint de m'expulser d'un « établissement *qui est la propriété du diocèse en* « *portant la main sur moi.*

« Vous n'en doutez pas, monsieur le ministre, c'est « à l'épiscopat tout entier, c'est à l'Église, c'est à Dieu « que s'adresse l'outrage dirigé contre ma personne; « aussi, je le dénonce à la justice des pouvoirs pu-« blics, et si ce recours devenait, comme tant d'autres « fois, inutile, j'aurais le droit de penser et de dire « que, après en avoir fini avec les religieux, on com-« mence à travailler à anéantir la religion elle-même.

« J'espère que vous ne me réduirez pas à une extré-« mité dans laquelle vos déclarations d'abus ne pour-« raient m'empêcher de remplir un devoir de ma « conscience épiscopale.

« Veuillez agréer, etc. »

« ☦ FLORIAN,
« *Cardinal-Archevêque de Toulouse.* »

Nous lisons dans la délicieuse *Semaine catholique* de Toulouse :

« Dès que se répandit dans notre ville la nouvelle de l'acte sacrilége commis, le 3 novembre, sur la personne de notre vénérable archevêque, l'émotion fut grande, et les catholiques accoururent de toutes parts pour en exprimer leur profonde affliction au premier pasteur du diocèse.

« Le clergé sentait particulièrement le besoin d'une réparation solennelle. Aussi le chapitre métropolitain s'est-il rendu en corps à l'archevêché, avec MM. les curés, aumôniers et vicaires pour dire à Mgr l'Archevêque, par l'organe de M. le vicaire-général Dencausse, la douleur que causera longtemps aux prêtres et aux fidèles le souvenir de l'attentat.

« Monseigneur, profondément touché de cette manifestation, en a témoigné sa reconnaissance en termes émus. Il a retracé en quelques mots la douloureuse scène dont il fut victime dans sa maison du Calvaire et, après avoir montré la folie des hommes qui méditent la ruine de l'Église, tant de fois persécutée mais toujours victorieuse de ses ennemis, il nous a exhortés à prier pour eux, tout en restant attachés invinciblement à nos évêques, comme nos évêques le sont eux-mêmes au roc inébranlable qui porte le siége du Vicaire de Jésus-Christ. »

Ce que vous venez d'entendre, chers lecteurs, ou plutôt ce que vous venez de voir, car à ces récits l'âme est illuminée, elle voit et devine; vous l'auriez vu se renouveler presque à la même heure et presque au même jour, sur tous les points de la France.

TABLEAU GÉNÉRAL DES PROSCRITS

L'apôtre bien-aimé de Jésus, proscrit lui aussi et exilé sur le rocher de Pathmos, vit un jour les cieux s'ouvrir et une légion innombrable de triomphateurs parut à ses regards; ils étaient brillants de clarté, et tous portaient des robes d'une blancheur éblouissante!... et une voix lui dit : « Ceux que tu vois sont ceux qui viennent de la grande tribulation: ils ont lavé leurs étoles dans le sang de l'Agneau. *Hi sunt qui venerunt de tribulatione magnâ.* »

Nos lecteurs seront heureux de jouir de ce même spectacle. Voici les fils de la tribulation :

« Le gouvernement qui les frappe, dit la *Gazette de France*, les a mis hors la loi, la conscience publique leur fait cortége, et dans ces hommes qui ont souffert la violence et l'arbitraire honore les représentants du droit et de la liberté.

« Catholiques, nous nous courbons devant eux, leur adressant l'expression de notre respect; citoyens, nous saluons en eux les premiers persécutés.

« Ils étaient désignés par leurs vertus et leurs mérites aux fureurs révolutionnaires. Ils ont, avec l'énergie que donne le sentiment du droit, supporté la violence; on les a chassés du sanctuaire où ils priaient et de la chaire où ils enseignaient; ils ont appelé les juges, on a fermé devant eux le prétoire de la justice; ils demeurent errants et proscrits; ils ont subi l'iniquité et sont devant le monde et devant l'histoire, les victimes qui porteront témoignage contre ce parti républicain qui a menti à toutes ses promesses, et dans les convulsions de son agonie frappe, brise, proscrit, insulte tout ce qu'on respecte, brûle tout ce qu'on adore, ferme les couvents et ouvre les bagnes, substitue la police à la magistrature, jette les prêtres dans la rue et hisse Constans au ministère, crochette les domiciles et violente les consciences.

« Les religieux, proscrits et chassés de leurs demeures, doivent se tenir pour glorifiés d'avoir été jugés dignes de la haine de ceux que la Providence nous a imposés comme maîtres. Elle a voulu nous donner le dégoût et nous inspirer le mépris de ce parti républicain, corrupteur et indigne, qui n'a le respect d'aucun droit, le sentiment d'aucune justice, l'amour d'aucune liberté, et, arrivé au pouvoir par la violence et la calomnie, essaie de s'y maintenir par l'arbitraire et la proscription.

« Saluons ces victimes, que la pince des serruriers officiels, que la férule des voltairiens universitaires, que la hache des pompiers, que la poigne des policiers, ont pu menacer et frapper, mais non déshonorer et abattre ; frappés comme catholiques et comme citoyens, ils grandissent dans le respect de tous les hommes de cœur ; ils incarnent aujourd'hui en eux la cause des croyances religieuses et des libertés publiques. »

*
* *

Les exécutions ont eu lieu en quatre séries :

Le 30 juin, expulsion des RR. PP. Jésuites de leurs résidences et noviciats ;

Le 1er août, expulsion des RR. PP. Jésuites de leurs maisons d'éducation ;

Les 14 et 16 octobre, expulsion partielle, à Paris et en province, des RR. PP. Carmes et Barnabites ;

Du 31 octobre au 8 novembre, expulsion de toutes les congrégations, à Paris et en province.

Plaçons à la fois toutes nos congrégations de France sous les yeux des lecteurs, il pourra mieux se rendre compte du grand forfait qui vient d'être commis.

Révérends Pères Carmes.

Le mont Carmel en est le berceau, le prophète Elie qui l'habitait, est regardé comme leur fondateur. La Sainte-Vierge elle-même y est venue (de son vivant) les constituer en Ordre religieux. Saint Louis les introduisit en France. Vie de contemplation et d'apostolat.

8 Couvents, 176 expulsés, 14 et 16 octobre 1880.

Basiliens.

Fondé en 360 par saint Basile, patriarche des moines d'Orient. Les Basiliens se dévouent d'une façon spéciale à l'éducation de la jeunesse. Ils dirigent 4 colléges et 3 petits séminaires, leur maison mère est à Annonay.

8 maisons, 80 membres expulsés en nov. 1880.

Révérends Pères Bénédictins.

Ce grand ordre, si célèbre par ses saints et ses magnifiques travaux d'érudition, fondé au Mont-Cassin par saint Benoît, patriarche des moines d'Occident en 495. Il a défriché la France et civilisé le monde.

14 maisons, 239 membres expulsés en nov. 1880.

Cisterciens.

Réforme de l'Ordre de saint Benoît, à Cîteaux, par Saint Robert, en 1099.

3 maisons, 75 membres expulsés en novembre 1880.

Olivetains.

Branche bénédictine, fondée en Italie en 1319.
2 maisons, 20 membres expulsés.

Trappistes.

Réforme de l'Ordre de Cîteaux, par l'abbé de Rancé, en 1630.

Par leurs œuvres agricoles et surtout par leurs prières et leur incroyable austérité, ils sont les anges, la richesse de la France et la fleur de notre colonie algérienne, par leur célèbre trappe de Staouëli.

23 maisons, 1,450 memb. expulsés en nov. 1880.

Révérends Pères Bernardins.

Réforme de l'Ordre de Cîteaux, par don Bernard, en 1562. Ministère ecclésiastique et travaux agricoles.
1 maison à Fontfroide. 18 memb. exp. en nov. 1880.

RR. PP. Camaldules.

Congrégation fondée par saint Romuald en 1012. Vie d'austérité et de solitude.

Une maison en France : à Grasse. — 4 membres expulsés en novembre 1880.

Révérends Pères Prémontrés.

Fondés par saint Norbert, à Prémontré, en 1119.

Vie contemplative, ministère apostolique. Ils viennent de soutenir le fameux siége de Frigolet. Travaux exportés.

5 maisons, 123 membres expulsés en novembre 1880.

Trinitaires.

Ordre fondé en 1178 par saint Jean de Matha et saint Félix de Valois, pour la délivrance des captifs chrétiens. — Dirige un orphelinat.

2 maisons, 11 membres expulsés en novembre 1880.

Frères-Mineurs Observantins.

Première réforme de l'ordre de saint François. Fondé à Assise en 1215. Cette branche glorieuse de l'Ordre de saint François, a son général, comme la branche des Conventuels et des Capucins. Elle renferme : les Observantins et les Récollets.

Ils sont, depuis les Croisades, gardiens du Saint-Sépulcre et de la Terre-Sainte.

C'est à leur zèle et à leur dévouement qu'est dû le maintien de l'influence française en Orient.

26 maisons, 409 memb. expulsés en nov. 1880.

Frères-Mineurs Capucins.

Les Capucins appartiennent à la famille religieuse de saint François, et observent rigoureusement sa règle séraphique. Ils furent fondés en Italie en 1525, par Mathieu de Bassi et établis en France en 1572.

Trente-une maisons. — 406 membres expulsés en novembre 1880.

Ils sont les pères du peuple et des pauvres.

« Les Capucins sont les Apôtres du peuple, avec

« leur corde et leurs pieds à vif, s'écriait Lacordaire,
« Le pauvre n'a-t-il pas besoin comme le riche des
« ennivrements de la parole? Il a des entrailles à
« émouvoir, des endroits de son cœur où la vérité
« dort et où l'éloquence doit l'éveiller en sursaut. Il
« lui faut entendre Démosthène, et le Démosthène du
« peuple, c'est le capucin ! »

Ce que Lacordaire disait si brillamment, un évêque
de sainte et chère mémoire, Mgr d'Arbou, dont Toulouse est fière, l'avait admirablement compris. Sa vie
tout entière a été un travail de préparation pour le
rétablissement des PP. Capucins à Toulouse.

« Il les faut au peuple, me disait-il, il les faut au
peuple ! » Et quand je le tenais dans mes bras pendant sa sainte agonie : « Ah ! mon Père, je meurs
heureux ! Dieu m'a accordé la grâce de faire ce présent à ma ville chérie ! Enfin !... elle a des capucins. »

Et aujourd'hui ! ! !... j'ai mis un voile de deuil sur
le portrait qu'il nous a laissé en héritage.

. . . .

Tiers-Ordre régulier de Saint-François.

Il a été restauré en France, à Albi, par le R.-P.
François-Marie Clausade. Il se livre au ministère
apostolique.

2 maisons, 20 membres expulsés en novembre 1880.

Révérends Pères Dominicains.

Ordre fondé à Toulouse en 1218 par saint Dominique dans le but spécial de la prédication; il a été
restauré en France par le R. P. Lacordaire.

19 maisons, 293 memb. expulsés en nov. 1880.

Révérends Pères Minimes.

Ordre fondé en Italie en 1436 par saint François-
de-Paule. Mort en France où l'avait appelé Louis XI.

1 maison à Fréjus, 4 memb. expulsés en nov. 1880.

RR. PP. de la Somasque.

Ordre de Clercs réguliers, fondé par saint Jérôme
Emilien, en 1530, à Venise. S'occupe des orphelins.

2 maisons, 14 membres expulsés en novembre 1880

Révérends Pères Jésuites.

Cette Compagnie ou Société de Jésus fut fondée, en 1534, par Ignace de Loyola, à Paris, à Montmartre ou mont du Martyre, comme signe des tribulations que Dieu lui réservait. Elle fut approuvée par le pape Paul III. — Apostolat et enseignement.

Frères hospitaliers de Jean de Dieu.

Fondée par ce grand saint en Espagne, en 1540. Dévoués au soin des malades.

5 maisons, 168 membres.

Révérends Pères Oblats.

Fondés par saint Charles Borromée en 1575. Ministère ecclésiastique et prédications. C'est la Congrégation des Oblats, fondée à Marseille par Mgr de Mazenod qui s'est illustrée en donnant à la France le cardinal actuel de Paris. (A sa garde est confiée l'église nationale du Sacré-Cœur.)

21 maisons, 240 membres expulsés en novembre 1880.

Révérends Pères de la Doctrine-Chrétienne.

Ordre fondé dans le Vaucluse par le vénérable César de Bus pour catéchiser le peuple des campagnes, en 1592.

2 maisons, 9 membres expulsés en novembre 1880.

Révérends Pères Camiliens.

Ordre fondé en Italie par saint Camille de Lélis en 1600, soigne les malades.

2 maisons, 10 membres expulsés en nov. 1880.

RR. PP. Barnabites.

Cette congrégation de Clercs réguliers fut fondée à Milan. L'église Saint-Barnabé leur fut donnée; les Barnabites furent appelés en France en 1608, où ils établirent plusieurs collèges.

Trois maisons : à Aubigny (Cher), à Gien (Loiret, à Paris, rue de Monceaux. — 32 membres expulsés les 14 et 16 octobre.

Ces religieux évangélisaient spécialement les Italiens, leurs compatriotes, pendant la guerre de 1870, ils soignaient les blessés et plantaient des croix sur les tombes. Oter à des étrangers, nos hôtes, leurs prêtres, et aux soldats leurs amis, n'est-ce pas un crime ? La Commune elle-même l'avait pensé ; elle avait respecté les Barnabites. Bannis aujourd'hui, ils ont pu écrire à M. Grévy que son gouvernement était plus cruel pour eux que la Commune.

Révérends Pères Rédemptoristes.

Fondés par saint Liguori en 1722. Cette congrégation se livre au ministère apostolique. Beaucoup de ces Pères avaient été chassés de l'Alsace par les Prussiens comme trop amis de la France, et maintenant ils sont chassés de France !

11 maisons, 126 memb. expulsés en novemb. 1880.

Révérends Pères Passionnistes.

Cet Ordre, fondé en Italie en 1741 par saint Paul de la Croix, s'occupe spécialement des missions.

5 maisons, 31 memb. expulsés en nov. 1880.

Révérends Pères Maristes.

Congrégation fondée à Bordeaux, en 1818, par l'abbé Cheminad.

Ministère ecclésiastique, enseignement. Cette Société forme à elle seule tout le clergé de la colonie française à la Nouvelle-Calédonie. Elle a fondé cette colonie au prix de sa sueur et de son sang. Voilà la récompense !

19 maisons, 225 membres expulsés en novembre 1880.

Pères de la Miséricorde.

Ministère ecclésiastique, prédication.

4 maisons, 24 membres.

Pères de Notre-Dame de Sion.

Prédication et mission.

3 maisons, 19 membres.

Révérends Pères Eudistes.

Fondée en 1650, par le P. Eudes de l'Oratoire. Missions, prédications, éducation.
7 maisons, 153 membres.

Prêtres de la Sainte-Face.

OEuvres diocésaines.
1 maison, 3 membres.

Prêtres de l'Immaculée-Conception.

Les si aimés Pères de Lourdes portent avant tous ce nom si beau. Le serpent infernal n'ose pas encore approcher de la Vierge Immaculée.
OEuvres diocésaines.
5 maisons, 51 membres.

Religieux de Saint-Edme.

OEuvres diocésaines.
2 maisons, 25 membres.

Pères de Saint-Bertin.

Ce saint Bertin était un moine de Saint-Colombam, vers 700. Congrégation de prêtres séculiers.
2 maisons, 91 membres expulsés en novembre 1880.

Pères réguliers de Notre-Sauveur.

Maisons de retraite pour les prêtres et missions.
4 maisons, 28 membres expulsés en novembre 1880.

Congrégation de la Sainte-Union.

Se livre à l'enseignement.
2 maisons, 12 membres expulsés en novembre 1880.

Enfants de Marie.

Cet ordre se dévoue au ministère ecclésiastique et aux missions.
4 maisons, 45 membres expulsés en novembre 1880.

Chanoines de Saint-Jean de Latran.

1 maison, 27 membres expulsés en nov. 1880.

Pères de la Retraite.

Donnent l'instruction gratuite aux enfants et élèvent les orphelins.
Une maison, 49 membres.

Pères du Sacré-Cœur.

Ministère ecclésiastique, prédication.
15 maisons, 207 membres.

Pères du Saint-Sacrement.

Ministère ecclésiastique, prédication.
6 maisons, 49 membres expulsés en novembre 1880.

Pères du Saint-Cœur de Marie.

A ISSOUDUN

Ministère ecclésiastique, prédication.
Leur sainte chapelle, une des perles de la couronne de Marie n'a pas été épargnée et ses pieux missionnaires ont dû, avec larmes, en voir fermer l'accès aux dévots pèlerins.

Frères de Saint-Pierre-ès-Liens.

Education des jeunes détenus et soin des orphelins.
3 maisons, 41 membres non encore expulsés.

Hospice des Missions.

Préparent et recueillent les missionnaires pour les causes et procès.
3 maisons, 53 membres.

Missions étrangères.

Se livrent aux travaux des missions à l'étranger.
Ils peuplent le ciel de martyrs et la terre de saints.
7 maisons, 53 membres.

Refuge de Saint-Joseph.

Maison de refuge pour l'éducation de jeunes détenus et des enfants vagabonds.
2 maisons, 30 membres non encore expulsés.

Pères de l'Assomption.

Fondés par M. d'Alzon, à Nimes, en 1865.
Ministère ecclésiastique, enseignement, prédication.
Cette Congrégation, jeune encore, est déjà montée comme la Vierge en son Assomption, sur un trône de gloire, où l'intelligence exceptionnelle de ses membres et leur admirable dévouement les ont placés. Qui ne lit *le Pèlerin,* qui ne connaît l'œuvre de Notre-Dame-du-Salut?
7 maisons, 68 membres.

Pères de la Compagnie de Marie.

Ministère ecclésiastique, enseignement.
7 maisons, 170 membres.

Pères de Saint-Irénée.

Missionnaires diocésains.
Une maison, 20 membres.

Missionnaires de Saint-François de Sales.

Congrégation autorisée par Charles-Albert en 1838, se livre aux missions.
1 maison à Annecy, 8 memb. non encore expulsés.

Le prophète avait annoncé cette variété si multiple dans les ordres religieux quand il représente l'Eglise s'avançant comme une reine parée de magnifiques joyaux : « *Astitit regina circundata varietate.* » L'unité dans la variété c'est la loi des œuvres divines. Par là, la vie religieuse est accessible à toutes les aptitudes et à tous les goûts; par là elle manifeste au monde tous les côtés de la vie du Christ et elle répond merveilleusement à tous les divers besoins de l'humanité : Enseignement, prédication, soins des pauvres et des malades, des pécheurs. Partout où se trouve une douleur, une infirmité, une larme à tarir, vous trouverez un religieux!

Oh! satanique expulsion! Oh! crime de lèse-humanité!

INCIDENTS DIVERS

La Providence n'a pas laissé accomplir de si graves événements, sans manifester sa justice et son amour par des incidents divers qui humilient les méchants et exaltent les justes; ces incidents sont si nombreux et chaque jour les relations nouvelles les multiplient tellement dans les colonnes de nos journaux, que nous ne pouvons en faire qu'un petit choix pour réjouir, reposer et édifier nos lecteurs.

Siége de Frigolet.

Si le Gouvernemeut du 4 Septembre avait employé contre les Prussiens le dixième d'énergie que M. Constans vient d'employer pour faire l'assaut des monastères, certainement la France aurait été vingt fois victorieuse.

Quelle ardeur guerrière! Quelle intrépidité!.. Police, gendarmerie, bataillons, dragons, artillerie à cheval; fusils, épées, canons même, je crois, tout est en branle, et l'ennemi! où est-il?.. Je le cherche en vain... Je ne vois que quelques pauvres moines qui ne demandent qu'à prier, à faire du bien à tous et à vivre tranquillement en paix avec Dieu, en paix avec leur âme, en paix avec tous leurs frères et même en paix avec la République; ils vous l'ont déclaré!..

Et encore une fois, voici des bataillons qui s'ébranlent, voici venir des régiments entiers!..

Et voilà que par cette équipée, aussi ridicule que criminelle, on souille à la fois toutes les gloires de la nation, on en tarit toutes les forces vives, on en éteint toutes les énergies; police, fonctionnaires, magistrature, armée, il faut que tout entre dans un système nouveau dont l'*infection* dégoûte et révolte quand elle n'asphyxie pas.

« Un des commandants de notre noble armée, cloué par le devoir à ce poste rebutant, frémissait de dépit d'avoir porté là l'épée de la France. On vint de la part du général lui demander où en était l'opération : « Allez, dit-il, allez dire au général, que les vidanges de Constans sont faites. »

Bravo ! s'est écriée la France vengée dans l'honneur de son armée si chère et d'autant plus aimée qu'elle porte encore les stigmates sanglants de son martyre.

* * *

A Saint-Brieuc a lieu l'expulsion des maristes et *du* salvatoriste, ce dernier dissous comme formant *à lui seul* une congrégation :

« Sur la place de la Préfecture, au moment où le citoyen Bertereau faisait donner l'ordre de croiser la baïonnette pour empêcher la foule d'arriver, un militaire s'écria : « Il y a toujours quelque chose que nous n'empêcherons pas de passer, c'est le mépris ! »

Absolument authentique.

Bravo ! s'est écriée la France vengée dans l'honneur de son armée.

* * *

De son côté, le général de Sonis remettait dans le fourreau la noble épée qu'il portait à Patay et donnait sa démission de général de division au moment même où on lui offrait la position élevée entre toutes, celle de commandant de corps et les plus grands honneurs militaires : « Non, non, a-t-il dit, j'ai assisté aux désastres de ma patrie, mais je ne puis assister à ses hontes. »

Bravo ! vénéré et vieil ami ; je ne croyais pas qu'il vous restât une gloire de plus à conquérir. J'applaudis et je vous félicite ; la France et l'univers catholique applaudiront et vous féliciteront avec moi.

Bravo ! s'est écriée la France vengée dans l'honneur de son armée.

* * *

Non, non, l'armée peut les souffrir ces hontes, mais les vouloir, jamais !... Quelle honte, que le siége du monastère de Frigolet.

On a bien choisi le *nom* du général qui commandait l'attaque... L'honneur français était bien mis sur le *Billot*.

Voyez à l'appendice la délicieuse page où l'esprit gaulois a retrouvé toute sa verve pour raconter et flétrir cette douloureuse et ridicule équipée.

La Charge au Clairon.

Ce n'est pas sur le champ de bataille, contre les Prussiens, ni sur la place de la Concorde, contre l'émeute rugissante !...

Ecoutez ! le clairon retentit... Ah ! si FARRE LE GRAND n'avait pas remporté son immortelle victoire sur les tambours, quel tapage !

Clairons, sonnez la charge !

Gendarmes, soldats, UN, DEUX, TROIS, CHARGEZ !

Et les épées brillent, les gendarmes ont le révolver au poing et les soldats la baïonnette en avant. Seulement l'espace leur manque pour déployer leurs rangs.

Et où vont-ils donc ces terribles soldats ? Parlez, ne faites plus de mystère, où et contre qui s'exécute cette charge terrible ?

Ne soyez pas impatients, je vais vous le dire : Elle s'exécute à Versailles, à Paris, à Mont-Roland, un peu partout, dans de pieuses chapelles, et, à Pau, dans le monastère des Frères Observantins, elle s'exécute, le croiriez-vous, dans un étroit corridor. Dans ces chapelles, c'est contre des femmes qui prient ;

dans ce corridor, c'est contre quelques témoins qui protestent.

Les pauvres femmes dans ces chapelles, les témoins dans ce corridor, tous sont renversés à terre, foulés aux pieds, balayés; la baïonnette même a touché la poitrine de quelques-uns de ces témoins intrépides.

« Frappez, frappez, s'écrient-ils, voilà notre poitrine ouverte, frappez en pleine poitrine, frappez tant que vous voudrez, mais vous ne nous empêcherez pas de venir ici défendre les saints que vous persécutez et de vous dire que ce que vous faites est INFAME. »

La Côte-Pavée, à Toulouse [1].

« Prenons garde, prenons garde, » se disaient entre eux, tout doucement et à l'oreille, et préfet et commissaires de police, et agents et argousins de toute espèce. « Prenons garde, prenons garde..., vous ne savez pas? — Et quoi? — Oh! c'est terrible... là-haut, à la Côte-Pavée, nous y serons engloutis certainement, engloutis tout vivants!... Prenez la lorgnette, allez voir, mais tenez-vous loin, ne passez pas trop au-delà du chemin de fer. — Il est terrible ce couvent des Capucins! ce Père Marie-Antoine est capable de tout! il veut s'engloutir tout vivant et nous engloutir par dessus le marché! tout est miné, il y a de la dynamite!... Tenez, je vous passe la lorgnette, regardez en face, du côté du mur de clôture, ne voyez-vous pas la bouche béante d'un canon braqué et d'un canon de gros calibre? »

Et les escouades d'agents arrivaient, et successivement toutes les figures pâlissaient, et ces frayeurs

1. Le monastère des Capucins, à Toulouse, est situé au quartier de la Côte-Pavée.

terribles ont duré, combien diriez-vous? plus de quinze jours et toujours *crescendo*.

Ce canon braqué n'était ni plus ni moins qu'une vieille carcasse d'ophicléide enrhumée que nos jeunes défenseurs, aussi spirituels, aussi saintement gais que belliqueux et intrépides, avaient placée sur un affût, la gueule béante, et toujours dirigée vers nos argousins,

La dynamite, ô foudroyante dynamite! le croiriez-vous? ce sont les médailles que je distribuais aux petits enfants et les *Ave Maria* que je leur faisais dire pour la conversion de M. le Préfet et surtout de M. Constans. Oh! terrible dynamite!

Tout ceci fut une petite diversion très-joyeuse, très-agréable pour nous pendant cette interminable quinzaine d'agonie; mais ce qui ne fut pas très-joyeux pour nos envahisseurs, c'est la manière dont ils ont été reçus à la Côte-Pavée, quand ils y sont venus au grand jour des exécutions, de grand matin et à la sourdine. Malgré l'heure si matinale et une pluie glaciale, un bataillon de braves hommes, de braves femmes, armés d'indignation, de colère, les attendait de pied ferme, leur montrant le poing et les arrosant d'insultes. L'une de ces femmes ne peut se contenir; femme d'un commandant, elle sent monter au cœur une ardeur guerrière; elle se jette au-devant de la voiture où sont les commissaires et qui vient à toute vitesse; mais rien ne l'effraie, elle prend les chevaux aux mords, les arrête, et fait ses compliments à la portière. Jamais la grêle n'est tombée plus dru... Pendant ce temps, ses compagnes se précipitent à leur tour. « Pour nos PP. Capucins, s'écrient-elles, nous portons des couronnes; pour vous, Messieurs, une botte de foin... il faut que vous ayez bien faim, misérables! il faut que vous soyez bien abrutis pour faire une pareille besogne!... Mangez, mangez, voilà du foin ; et elles cherchent à enfoncer la botte de foin dans la voiture. »

Pas si mal trouvé !... Arrive un moment, a dit le Saint-Esprit dans les saints Livres, où celui qui abandonne le Seigneur pour devenir l'esclave de Satan « doit manger du foin comme le cheval et le mulet, privés de raison. » *Sicut equus et mulus quibus non est intellectus.*

Pour les hommes, au contraire, qui vivent de charité, de foi et d'amour, il faut des fleurs et des couronnes, parce que c'est par la foi que le juste remporte toutes les victoires.

La Côte-Pavée en a été le théâtre en ce grand jour. Oui, toutes les victoires ont été remportées à la fois : victoire sur Satan et les fils de Satan, victoire sur le respect humain, victoire sur la mollesse et la sensualité, victoire sur les passions trop souvent aveugles de la jeunesse, victoire sur les préoccupations de l'âge mûr et les timidités, les craintes exagérées de la vieillesse.

Depuis plus de quinze jours, des femmes, oubliant la faiblesse de leur sexe, veillaient devant nos portes nuit et jour ; des jeunes gens, des pères de famille et des vieillards, habitués au luxe de la vie, se condamnaient dans notre monastère à une vie de pénitence et de sacrifices, couchant sur la paille et souvent même sur la planche nue, mangeant dans nos pauvres écuelles, s'unissant à nos exercices religieux, et interrompant leur sommeil pour le chant de notre office, et cependant la paix, la félicité, la joie parfaite et suave inondait toutes ces âmes, et tous nous redisent encore : « Oh ! qu'il faisait bon habiter avec les fils de saint François ! Oh ! le vrai paradis de ma vie ! »

Et depuis, la Côte-Pavée n'est jamais déserte. C'est vraiment un pèlerinage : chacun se dispute le bonheur de venir y nourrir les pauvres proscrits ; les pauvres eux-mêmes voudraient se priver de leur morceau de pain pour nous. La belle statue de la Vierge de l'avenue, celle de la douce Germaine, celle du séraphique Père, à la porte du couvent, sont écrasées de couronnes ; la grande porte de la chapelle, qui n'a pas voulu garder les scellés, ils disparaissaient à l'instant (ainsi disparurent ceux de la pierre du sépulcre), cette grande porte, dis-je, est littéralement couverte d'innombrables couronnes dont on l'embellit à l'envi.

« *Et hœc est victoria quœ vincit mundum !* »

Nos vœux ont été exaucés. J'avais dit au jour des adieux et des larmes : « Mes frères, vous viendrez
« lorsque l'œuvre d'iniquité sera accomplie, lorsque
« notre Jésus sera expulsé, exilé de ce tabernacle ;
« lorsque ces portes seront sous les scellés, comme
« les portes de la maison d'un criminel, vous vien-
« drez et, à genoux sur ce seuil solitaire, vous pleu-
« rerez et vous baiserez ces portes profanées, vous
« demanderez miséricorde pour les coupables et
« prierez pour les pauvres proscrits. Et vous, ô
« Vierge notre mère, vous ne pourrez plus nous sou-
« rire, du haut de cet autel !.. Et vous, ô notre séra-
« phique Père, du sein de cette gloire, vous ne pour-
« rez plus bénir vos enfants !!! Et vous, ô mon bien-
« aimé saint Antoine de Padoue, vous qui n'avez pas
« d'autre autel dans cette ville de Toulouse, dont
« vous avez été le si grand thaumaturge, vous n'aurez
« que ce divin enfant toujours dans vos bras pour
« vous consoler !... »

« Ah ! venez, mes frères, venez le prier toujours,
« ce saint si aimable et si aimé, ce patron si chéri ;
« vous vous mettrez à genoux sur le seuil de la cha-
« pelle et il vous entendra toujours ; il fait trouver les
« choses perdues, il vous fera retrouver vos Pères. »

Encore une fois, ces vœux étaient surabondamment remplis. Aussi quelle joie ! quels ineffables tressaillements, quand vont venir les jours du triomphe !

Les Châtiments.

Ce n'est pas très-aimable déjà de trouver devant soi du foin à manger, mais ce qui est moins aimable c'est de trouver devant soi un avenir terrible de honte à dévorer et dans soi-même un remords éternel à endurer ! C'est « le ver rongeur qui ne meurt jamais. »

C'est à devenir fou de désespoir, déjà ce malheur terrible s'est réalisé pour les coupables, l'excommunication est tombée sur leur âme comme la foudre !

Et ceux qui rient encore sauront bientôt ou pendant cette vie, ou après cette vie qui s'écoule comme un songe, si on peut prendre une excommunication à la légère.

Écoutez ce récit dramatique et lugubre à la fois : nous l'empruntons au correspondant du *Gaulois*.

*
* *

M. Secret (Louis-Théodore), âgé de quarante-trois ans, chevalier de la Légion d'honneur, capitaine depuis le 3 mars 1873 à la compagnie de gendarmerie de Versailles, vient d'être frappé de folie à la suite des scènes horribles auxquelles a donné lieu l'expulsion des Capucins de Versailles.

M. Secret, auquel la triste besogne répugnait, reçut du préfet, le 5 de ce mois, l'ordre de se tenir avec ses hommes sur la voie publique.

Mais voici que les crocheteurs, après une heure d'effraction, se trouvent en présence d'une foule pieuse qui remplissait la chapelle du couvent.

Ordre fut donné d'évacuer : on refusa, et le capitaine Secret envoya une douzaine de ses hommes dans la chapelle. Trois ou quatre cents personnes, femmes, enfants, vieillards et citoyens inoffensifs, étaient là, opposant aux gendarmes une résistance passive.

— Nous ne pouvons pas, capitaine, dit le brigadier.

On adjoint aux gendarmes des soldats du 1er du génie.

La moitié des fidèles est traînée hors du lieu saint.

— Capitaine, il n'y a plus moyen de rien faire, dit un lieutenant. Tous les assistants s'étaient, pour ainsi dire, enlacés les uns aux autres, se tenant par la main et formant un rempart humain au tabernacle.

Le capitaine Secret devient livide ; ses hommes sont haletants...

— Chargez ! hurle l'officier, chargez !

Et alors la troupe entière, surexcitée par la voix de son chef, fond sur le troupeau fidèle et l'arrache, *brebis par brebis*, du bercail trois fois sanctifié par sa résistance héroïque.

Les derniers sortent à leur tour, et le capitaine tressaille ; il vient de reconnaître les magistrats du parquet de Versailles, maintenant démissionnaires, dont lui, l'officier de police judiciaire, a pu apprécier la haute et sublime intégrité.

Ils passent froids, impassibles.

C'est le coup de grâce, et désormais il n'y a plus place que pour le remords dans cette âme de soldat.

Rendu à lui-même, il s'est livré au plus profond désespoir.

La fièvre chaude, le délire.... la folie, en un mot, s'est emparé de cette solide organisation de soldat ; pour la première fois de sa vie, il a rougi de ses épaulettes, et sa foi militaire s'est écroulée, entraînant dans sa chute son intelligence bouleversée.

Pour éviter un suicide, on a transporté le capitaine à l'hôpital militaire de Versailles, où les médecins ont déclaré son état presque incurable.

Le malheureux officier gémit, pleure et s'écrie :
« Que ne sont-ils là pour me dire qu'ils me pardonnent ! »

Ils te pardonnent, malheureux, parce que leur Dieu
est un Dieu de miséricorde ; ils te pardonnent, et nous,
nous te plaigons.

P. S. — Les renseignements fournis plus haut ont
été scrupuleusement contrôlés et reconnus exacts.

Le capitaine Secret est encore à l'hôpital, où personne ne peut l'approcher.

.·.

Que pensez-vous maintenant, chers lecteurs, de la
naïveté ineffable et de la révoltante effronterie de
notre pauvre commissaire Dalous? J'aime à ne pas
croire à sa malice! Ce pauvre homme, le croiriez-
vous, veut absolument avoir la gloire de m'avoir
remis par bravade, oh! c'est trop fort, et je vous le
donne en cent! de m'avoir donné, dit-il, et les mauvais journaux l'affirment avec lui, un REÇU contrôlé,
parafé, timbré, que sais-je! pointé même de points
franc-maçonniques, et de quoi, je vous prie? De l'*excommunication!* Pauvre M. Dalous! Relisez attenti-
vement ma protestation, pesez-en bien tous les termes
à ce passage capital où je vous parle de l'excommunication, et voyez si je vous dis : « Je vous donne l'excommunication! » Non ! non ! je vous dis, au contraire,
que vous vous la donnez à vous-même et que, par
votre faute et votre seule faute, vous la faites, *par
le seul fait*, tomber *sur vous ;* votre crime l'y appelle
lui-même : c'est un vrai *suicide.* Et comme le suicide,
et encore plus que lui, c'est le dernier terme de la
malice ou de la folie! Maintenant, soyez fier et laissez-
vous berner par la secte infâme qui exploite votre
naïveté! Toujours est-il que je n'ai pas conscience

d'avoir rien reçu de semblable et que mes yeux n'ont pas été souillés par ce *factum franc-maçonnique*

Nos héroïques défenseurs.

A Paris, à Toulouse et presque dans toutes les villes de France, nous avons le bonheur de compter un très-grand nombre de martyrs du droit et de la liberté. Quiconque souffre pour une cause sainte est un martyr, un témoin de Dieu : la prison est la première étape, l'effusion du sang est le triomphe.

Il serait difficile de dire tous les noms de ceux qui ont été arrêtés; ils sont déjà écrits en lettres d'or dans le livre des élus. Notre T. R. P. Arsène, provincial de nos Pères capucins de Paris, a eu cette gloire.

Les journaux de Paris portent encore le nom d'un homme cher à notre cœur : M. le baron de Lassus, et ce qu'il y a de prodigieux, c'est le motif allégué pour sa condamnation : « à cause de son attitude. » Si cela suffit, je sais à l'avance qu'il l'a bien mérité, parce que je sais à l'avance que son attitude a été, qu'elle est et sera toujours noble et ferme; voilà un homme qui décidément n'est pas fait pour vivre sous la République, il est certain d'être éternellement condamné; et j'en connais bien d'autres comme lui.

Nous ne pourrions sans ingratitude taire les noms de ceux qui ont été arrêtés à Toulouse; ne pas revendiquer pour eux une éternelle reconnaissance serait un éternel reproche pour nos cœurs.

Par suite de l'attentat de la police, ont été arrêtés, rue Mage, en face de chez M. Courtois : M. de Viguerie, M. Léon de Poumayrac, odieusement insulté par les agents; MM. Bagnères, Auguste Reynis, de la Tourasse, Lafage, de Andrade, Paul Fieuzet et Buscaillon.

Ces messieurs ont été conduits, les uns à la prison du Capitole et les autres au Palais-de-Justice.

C'est pour eux devant Dieu et devant les hommes un honneur dont ils ont le droit d'être fiers. Tous leurs courageux amis leur envient ce bonheur, et en particulier MM. le commandant Lefèvre, le baron d'Escaillars, Rivière, ingénieur civil, qui, avec MM. Paul Fieuzet et Buscaillon, dirigeaient leurs efforts, veillaient avec eux sans cesse et partout, et protégeaient tous les points à la fois.

Que ce Dieu les bénisse au centuplé, et qu'après en avoir fait des héros, il fasse de chacun d'eux un saint !

Notre jeune et vaillant rédacteur de l'*Union du Midi* et des *Nouvelles*, et tous ses confrères de la presse conservatrice, tous si intelligents, si courageux, si cruellement poursuivis, ont une place conquise au milieu de ces noms glorieux.

Honneur à tous, honneur surtout à M. Georges Maisonneuve dont le journal vient d'être condamné et par conséquent exalté ! Sa plume, trempée dans le feu, rapide comme l'éclair, n'en sera que plus puissante pour foudroyer l'ennemi et le clouer au PILORI.

La Magistrature.

La religion, la magistrature, l'armée, l'agriculture unie à l'industrie, sont les quatre roues du char qui portent la patrie, la révolution qui a été, qui est et sera toujours son bourreau doit les attaquer nécessairement toutes : Ensemble à la peine, il faut qu'elles soient ensemble à la gloire : il faut qu'après l'armée, la magistrature ait aussi sa page dans notre livre d'or. Elle a si admirablement conquis ce droit.

M. Jules Ferry, président du conseil des ministres, parlant solennellement à la tribune, vient d'y proférer un mensonge solennel.

« Nous avons frappé les religieux, a-t-il dit, parce

qu'ils étaient en état de rébellion ; ils étaient l'instrument des partis hostiles à la république.

« En état de rébellion ! s'est écrié M. Keller, l'illustre fils de l'Alsace, l'intrépide orateur catholique, que dites-vous ? Votre gouvernement oublie-t-il la déclaration qu'il a proposée lui-même aux religieux, oublie-t-il que dans cette déclaration il est dit : Nous sommes complétement étrangers aux passions des partis politiques.

« Les religieux, instrument des partis hostiles à la république !... que dites-vous, M. le ministre... Et les magistrats que vous aviez choisis vous-même ou approuvés, les aviez-vous choisis ou approuvés comme hostiles à la république ? or, qu'ont fait ces magistrats ? Ils ont protesté comme les religieux et avec les religieux. Bientôt près de trois cents sont descendus de leur siége. Ils ont tout sacrifié plutôt que d'aller contre leur conscience et de tremper leurs mains dans cette œuvre d'iniquité. »

« Ils se sont honorés, et je les honore, et la France et le monde entier les honore, et tous les siècles les honoreront à leur tour. Jamais, sachez-le bien, M. le ministre, jamais gouvernement n'a reçu un stigmate pareil infligé par ses fonctionnaires. »

Entendez ces nobles paroles : « Voici le texte de leurs démissions répété à l'unisson dans chacune de leurs lettres :

« Monsieur le ministre,

« Je ne puis m'associer aux mesures et à la procédure que prescrivent vos instructions sans porter atteinte à l'indépendance et à l'intégrité de mon caractère de magistrat. Des religieux dignes de tout respect, des citoyens français sont menacés d'être expulsés de leur domicile par la force publique sans mandat de justice.

« En présence d'actes pareils que ma conscience réprouve et que les magistrats du ministère public sont impuissants à prévenir et à réprimer, j'ai l'honneur de vous prier d'accepter ma démission, vengeant ainsi à la fois la France, la magistrature et les ordres religieux. »

A la lettre de démission qu'on a lue, j'en ajoute une autre d'un magistrat célèbre par son talent, mais plus célèbre par sa sublime attitude.

Aux instantes prières qui lui étaient faites, dit l'*Univers*, de ne pas quitter son siége d'avocat-général à la Cour de cassation, puisqu'il n'avait pas à prendre part à l'exécution des décrets, M. Lacointa a fait cette noble réponse :

« Je remplis une mission honorable, je le re-
« connais ; mais je la tiens d'un ministre qui donne
« des ordres déshonorants.

« Cela suffit pour que je refuse de conserver
« mon poste. »

Le mot de M. Lacointa restera, parce qu'il est l'expression de la vérité.

Plus de deux cents magistrats, au noble et héroïque caractère, ont regardé ces ordres comme un outrage : ils ont refusé de rester les subordonnés d'un ministre donnant, suivant l'expression de M. Lacointa, « des ordres déshonorants. »

Voulez-vous savoir ce que valent devant Dieu ces actes sublimes ? Écoutez encore M. Lacointa ouvrant son cœur à un de ses amis :

« Pour donner ma démission, j'ai dû, vous le savez,
« renoncer à tout le bien-être qu'un père est si heu-
« reux d'assurer à ses enfants, et, croyez-le bien, ce
« n'est pas sans émotion que j'ai brisé une carrière
« aimée. »

Que M. Lacointa reçoive ici mon cri d'admiration en même temps que mon baiser d'ami, et que ce cri d'admiration arrive jusqu'aux générations futures. Son père bien-aimé, dont j'ai eu le bonheur de bénir la dernière heure, applaudit du haut du ciel.

Ecoutez encore, c'est presque à la veille des fameuses fêtes de la Bastille :

Gaillac, le 10 juillet 1880.

« Monsieur le garde des sceaux,

« J'ai l'honneur de vous adresser ma démission de procureur de la République près le tribunal de Gaillac.

« Ma loyauté ne me permet pas, en gardant plus longtemps le silence, de laisser supposer que j'approuve les décrets du 29 mars dernier, et que je pourrais, le cas échéant, prêter mon concours à des mesures que ma conscience désapprouve.

« Catholique sincère, je ne puis, au lendemain de la première exécution de ces décrets, m'associer à des réjouissances auxquelles ma qualité de fonctionnaire m'obligerait à prendre part.

« Je renonce donc, non sans tristesse et regret, à des fonctions que j'ai toujours remplies avec impartialité et indépendance.

« Je suis avec respect, etc.

« Ch. DE BONNE,
« Procureur de la République à Gaillac. »

Oui, nobles magistrats, c'est sublime ! retirez-vous, puisque l'injustice veut pénétrer dans le sanctuaire de la loi et qu'il faut en voiler le Christ !

Vous partagez les mêmes gloires que les proscrits. S'ils sont les victimes innocentes, n'êtes-vous pas les victimes volontaires ? Aussi, faut-il que toutes les générations vous bénissent et que la France soit éternellement fière de votre héroïque abnégation !

Gloire aussi aux membres du barreau français ! Ils sont plus de deux mille qui ont signé la consultation de Me Rousse. Déjà la fleur du barreau français avait opiné dans le même sens, en adhérant à la consultation de MM. de Vatismenil, Berryer, de Carné. Nous avions été heureux, à cette époque, de trouver au nombre des jurisconsultes qui affirmèrent si hautement le droit des religieux le nom de M. Charles de Saint-Gresse, maintenant premier président de la Cour de Toulouse.

Tribunal des conflits.

« UNE LOI ET DES JUGES ! — FORUM ET JUS ! » s'est écrié M. Demolombe en terminant son splendide chef-d'œuvre.

Un gouvernement s'est rencontré qui a dit à vingt mille citoyens : « Vous n'aurez ni LOI, ni JUGES. La loi, c'est MOI ; les juges, c'est MOI, et pour qu'il n'y ait pas de débat possible, c'est moi qui m'appelle *Tribunal des conflits*, car c'est moi-même qui le présiderai et en le présidant je serai le maître. Je me suis assuré le nombre des voix ; je serai ainsi *juge* et *partie*, et c'est moi qui vous condamne à l'avance.

C'est ainsi qu'aurait dit, qu'aurait fait Danton ; c'est ainsi que dit et que fait M. Cazot.

Voyant cela, MM. Tardif et Lavenay, membres du tribunal des conflits, se sont retirés, les avocats n'ont pas voulu plaider et M. Cazot débat en toute liberté, juge, immole, hâche, pulvérise le droit et la justice !

Voilà le tribunal des conflits... de M. Cazot !!!

Tant il est vrai que la justice ne pourra jamais se trouver dans un gouvernement qui s'est séparé de Dieu ; n'est-elle pas un des grands attributs de la divinité ?

Dieu seul est grand !

Dieu seul est bon !

Dieu seul est juste !

M. le ministre de la justice ne l'oubliez JAMAIS !

****

De ce grand chapitre des PERSÉCUTIONS, la conclusion logique, saisissante la voici :

Tout honnête homme est persécuté aujourd'hui ou peut s'attendre a l'être demain, et tout honnête homme 'est saintement fier d'avoir mérité cette gloire.

Qu'épargne-t-on, en effet?

Rien, absolument rien; ni la majesté divine du Souverain-Pontife, ni la sainteté et le courage de nos évêques, ni la vie de perfection et d'austérité des religieux, ni le dévouement sublime des Frères des écoles chrétiennes et des Sœurs de charité, ni l'héroïsme des Charrette, ni l'intégrité et l'inamovibilité sacrée des magistrats, ni l'esprit ravissant des journalistes et leurs droits incontestés, ni la liberté des électeurs, ni l'éloquence des orateurs, ni l'honneur de l'armée, ni la probité la plus modeste du plus humble, du plus petit des fonctionnaires : tout est suspect, tout est insulté, bafoué, persécuté!

Oui, tout ce qui est bon, grand, honnête, sublime entre nécessairement et de plein droit dans les gloires de la huitième des béatitudes.

La terre maudit les persécuteurs, admire les victimes, le ciel applaudit. Et l'armée du bien serre de plus en plus ses rangs, pour la grande bataille, unie et compacte, sous le regard de Dieu!

CHAPITRE QUATRIÈME

LA VICTOIRE

§ 1. — Certitude de la victoire.

« Ne crains rien, petit troupeau, » a dit le Sauveur à ses apôtres, en les envoyant sans armes en face des tyrans. Ne crains rien, parce qu'il a plu à ton Père céleste de te donner la victoire : *Noli timere pusillus grex.*

Et les apôtres ont remporté la victoire.

Pour soulever le monde, ils se sont servis de deux moyens tout puissants : ils ont IMPLORÉ LE SECOURS DE DIEU et MÉPRISÉ CELUI DE L'HOMME.

« Le Seigneur est avec moi, avait dit le Prophète, « comme un combattant valeureux : *Dominus mecum* « *est quasi bellator fortis;* et jamais je ne m'appuie- « rai sur le bras de l'homme. Maudit celui qui laissant « le Seigneur veut s'appuyer sur l'homme ! Et ainsi « tous mes ennemis tomberont à mes pieds, et je les « foulerai comme on foule la poussière et la boue. »

Idcirco qui persequuntur me cadent. Ceci s'est accompli à la lettre dans la lutte soutenue par les Apôtres, et continue de s'accomplir à la lettre dans celle que soutient après eux l'Église catholique.

Quand les hommes disaient aux apôtres : « Laissez votre Dieu, et obéissez à l'homme, » les apôtres n'avaient qu'une seule réponse et toujours la même : « NON POSSUMUS ! »

« NOUS NE LE POUVONS PAS ! parce qu'il vaut mieux

obéir à Dieu qu'aux hommes : *Melius est enim obe-
dire Deo quam hominibus.* »

Ce *Non possumus!* ce *Melius* ont sauvé le monde·
Sans ces deux mots, le monde serait encore dans les
fers; nous serions tous esclaves, et quel esclavage!
esclaves de l'homme déchu, c'est-à-dire de la bête la
plus cruelle, la plus passionnée, la plus inconséquente,
la plus redoutable qu'il y ait sur la terre. Oh! lamen-
table gouvernement des hommes sans Dieu! Aujour-
d'hui, c'est la *Pourceaucratie;* demain, c'est la *Tigro-
cratie!*

Fils baptisés de l'Église catholique, fils du vieux
peuple franc, levons donc nos têtes et disons à notre
tour : « Non possumus! »

C'est une question de vie ou de mort. Tout ce que
contient ce livre d'or se résume là : Dieu, qui est tout,
sera-t-il rien? et l'homme, qui n'est rien, sera-t-il
tout? Il faut que cela soit tiré au clair.

Dans le titre de ce livre, nous semblions dire que
nous parlerions uniquement des *proscrits,* et cependant nos premières pages sont consacrées à l'Article 7. Pourquoi? Le voici : ne voyez-vous pas que toute
la guerre contre l'Article 7 se résume dans ce seul
mot : *Non possumus?* Opposé au plan satanique de
faire triompher, par cet article, l'homme sur Dieu.

« Vous voulez nous forcer à envoyer nos enfants
dans vos écoles, dans vos colléges sans Dieu, où l'on
égorge leurs âmes! Non! jamais! jamais!

« Il vaut mieux obéir a Dieu qu'aux hommes. »

Quand ces mots de la protestation des pères de
famille furent prononcés dans le Sénat, il y eut un
tonnerre d'applaudissements du côté de la droite, et
des clameurs sauvages du côté de la gauche. La gauche, dit l'Évangile, est le côté des réprouvés : là
règne Satan; il était frappé au cœur.

« Entendez-vous, s'écrièrent les fils de Satan, entendez vous ces cléricaux, ils sont toujours les mêmes, toujours en révolte contre l'État; ils redisent toujours leur éternelle parole :

« IL VAUT MIEUX OBÉIR A DIEU QU'AUX HOMMES. »

Et cependant, cette parole d'or garde à elle seule l'honneur de la race humaine; seule elle lui garantit la liberté, mais aussi seule elle frappe au cœur la Révolution, qui veut mettre l'ÉTAT, c'est - à - dire l'HOMME à la place de Dieu. A genoux ! à genoux ! devant CETTE IDOLE, et offrez votre encens, c'est-à-dire tout ce que vous êtes et tout ce que vous avez : âme, corps, écus.

A cette condition, Satan à son tour vous récompense; il vous donne une place, une décoration; mais il vous veut bas et bien dégradé devant lui.

Adore, mais en adorant, dégrade-toi !

Entendez-vous ce mot : *Si cadens adoraveris me?* fiers amateurs de l'État et misérables contempteurs de Dieu, l'entendez-vous ?

Chute d'abord dans la boue et puis dans l'enfer !... l'entendez-vous ?

Enfer pour votre âme esclave de l'État ! Déjà dès cette vie vos turpitudes l'avilissent, le remords la ronge.

Enfer pour la famille esclave de l'État ! La stérilité, la division, la mort l'envahissent.

Enfer pour la société esclave de l'État ! Décadence hideuse et lutte sanglante, car il ne faut pas croire que les enfants de Dieu se résignent à adorer votre idole et à se dégrader avec vous; ils lutteront jusqu'à la mort pour la liberté, l'honneur de la patrie et la sainte indépendance de leurs âmes. Oui, combat à mort; ils verseront leur sang comme ont fait nos pères quand on a voulu leur ravir leur foi; ils le verseront jusqu'à la dernière goutte, et ils remporteront la victoire, le Christ l'a promis.

Sur la colline du Vatican, à l'endroit même où le sang de Pierre a coulé, un monument de triomphe a fleuri, et sur ce monument, les successeurs de Pierre ont gravé ces mots.

Christus vincit! Christus regnat! Christus imperat! Le CHRIST RÈGNE! il COMMANDE! il EST VAINQUEUR!

Non, non, *la force ne primera pas toujours le droit;* l'heure de Dieu, l'heure de l'honneur et de la liberté viendra!

En nous opprimant comme catholiques, vous nous avez fait les défenseurs de la liberté; sans nous, elle ferait un éternel naufrage. Il n'appartient qu'aux fils du Christ de la défendre. Ne parlez plus de liberté, vous n'en avez pas le droit. Votre masque est tombé: vous êtes la violence, vous êtes la tyrannie.

Le fond de votre politique est là, et vous ne faites la guerre à Dieu et à sa religion que parce que là est le seul rempart, le rempart inexpugnable de la liberté. Mais Dieu ni la liberté ne peuvent mourir.

Comme le Christ, et à cause uniquement du Christ, la liberté est immortelle. Allez cueillir des immortelles pour orner ses autels et non pour insulter à sa gloire. Imbéciles!

Vous passez avec quelques fleurs d'immortelles sur votre poitrine, et, pour insulter ce Christ, même dans la mort, vous étalez dans nos plus grandes rues un cadavre déjà infect et maudit. Oui, oui, passez, passez; comme ce cadavre votre secte pourrira, mais le Christ ne passe pas, il demeure! Vos immortelles ne sont que le symbole de l'immortalité de votre honte et de votre ignominie!

Et nous que vous conspuez, et cette religion catholique, toujours vierge, toujours sainte, toujours jeune, que votre cœur corrompu méconnaît, et insulte uniquement parce qu'elle est vierge, sainte et pure, cette 'eligion catholique demeure, et par elle LE CHRIST RÈGNE, IL COMMANDE, IL EST VAINQUEUR! *Christus vincit! Christus regnat! Christus imperat!*

§ 2. — Armes pour la victoire.

Il y en a trois : I. — La PRIÈRE. — La prière est la chaîne d'or qui unit le néant de l'homme à l'infini de Dieu!

Par la prière, l'homme entre en participation de sa toute-puissance; donc, si nous voulons vaincre, il faut prier, beaucoup prier, toujours prier.

II. — LA PAROLE et LA PRESSE. — Oui, parlons toujours de nos DEVOIRS et des DROITS de Dieu, écrivons toujours pour les défendre; voyez Satan à l'œuvre, voyez les fils de Satan! voyez tout ce qu'ils disent, tout ce qu'ils écrivent, tout ce qu'ils impriment pour les attaquer.

Dès que vous avez écrit une page bien vive, bien lumineuse, bien triomphante, livrez-la à l'impression, répandez-en des milliers d'exemplaires et jetez-la à tous les vents du ciel, et comme ces graines fécondes que le vent emporte pour émailler nos vertes prairies, vous verrez bientôt tout refleurir dans les âmes.

Ne faut-il pas faire l'aumône sous peine d'éternelle mort et le Christ n'a-t-il pas dit que la première aumône est celle de la vérité?

J'ai placé à *l'appendice* de ce Livre d'or, quelques petites pages d'or écrites au jour le jour sur mon champ de bataille de l'apostolat.

Je supplie les amis de Dieu et des âmes, je supplie les amis de la France de les faire imprimer, à des milliers d'exemplaires et de les répandre dans les villes et les campagnes. Mon *appel au peuple* surtout et avec lui, ma lettre à la *Dépêche* et ma page sur la *franc-maçonnerie* : la place forte de Satan.

Que de victimes fait cette infernale franc-maçonnerie ! victimes qu'elle trompe par sa voix de sirène et son manteau de bienfaisance ! victimes qu'elle avilit par ses singeries religieuses ! victimes qu'elle allèche par les places qu'elle promet et les voluptés qu'elle permet ! victimes enfin qu'elle rive au mal, les faisant tomber à la fois sous l'excommunication de Dieu et la tyrannie éternelle de Satan.

III. — L'ACTION, par *l'association* et le *sacrifice*.

Ainsi, les premiers chrétiens ont vaincu le monde. ILS NE FAISAIENT QU'UN ; fortune, prières, larmes, sang tout était dans le trésor commun ! avant tout ils savaient se sacrifier et souffrir.

Et depuis quand prétend-on être chrétien pour jouir !

Depuis quand ce nouveau christianisme ? Ah ! certainement ce n'est pas le christianisme de Jésus-Christ. Le vrai chrétien souffre sur la terre et jouit dans le ciel !

Les hommes, les femmes de plaisir ne doivent prendre le nom de chrétiens, s'écrie Tertullien, que pour faire honte à Jésus-Christ. « *Dicuntur christiani ad contumeliam Christi.* »

Ou la France est irrévocablement condamnée à périr, où il nous faut revenir au vrai christianisme. Il faut être ou AVEC DIEU, ou AVEC SATAN, pas de milieu ! tous nos malheurs viennent de nos absurdes conciliations.

Pour sauver la France et le monde il nous faut de vrais chrétiens et de vraies chrétiennes.

Il faut que les femmes françaises reprennent les vraies traditions de la femme forte, il faut qu'elles se placent résolûment devant le tabernacle et la croix et non devant leurs miroirs, leurs parfums et leurs étoffes ; il faut qu'elles se réunissent ensemble pour travailler pour les pauvres, pour visiter la veuve et l'orphelin et non pour causer, perdre le temps et danser ; il faut qu'elles renoncent à leurs

modes indécentes et ridicules et à leurs robes décol-
letées; il faut qu'elles laissent le roman pour l'Evan-
gile; il faut qu'à l'exemple de la femme forte, la
femme du fuseau et de la quenouille, elles aussi mettent la main à l'œuvre et vivent d'ordre, de prière et
d'économie; il faut, et avant tout, qu'elles ne crai-
gnent plus de voir grandir leur famille et se multiplier leurs enfants; n'est-ce pas pour elles, dit l'apôtre, la condition capitale et absolue du salut? *Salva-
bitur autem per filiorum generationem* (I Tim.)

Il faut qu'elles soient saintement fières de les nourrir elles-mêmes et de les élever pour Dieu et la patrie :
l'éducation première de la mère, est le moule de la
vie.

Et vous, hommes et jeunes gens de notre France,
laissez, laissez ces cafés où vous résidez presqu'à
l'état permanent, laissez ces théâtres, temples de la
volupté, laissez ces maisons de jeux où croule votre
fortune et ces maisons de plaisir où croule votre
santé!..... Non! non! ce n'est pas là qu'on doit rencontrer un homme, un Français, un chrétien! vous
n'y en trouverez jamais un seul méritant vraiment
ce titre !

Restez au foyer, aimez la famille, les joies en sont
si pures; n'en cherchez de plus pures, de plus douces
qu'aux pieds des autels.

Je comprends Diogène cherchant un homme; c'était
le paganisme. Mais maintenant aurons-nous à chercher un Français? un chrétien? Non, non, nous en
avons! mais il faut qu'ils se multiplient! Il faut surtout laisser toutes les nuances politiques, tous les
préjugés de parti qui vous divisent; il faut vous rap-
procher, et pour cela vous placer ensemble dans les
bras du Christ, vous embrasser sur son cœur et ne
faire plus qu'un dans son amour.

Il nous faut des hommes forts, des hommes à forte

vie, et pour cela des hommes à fortes vertus et à fortes convictions. Il n'y a pas de fortes vertus sans les sacrements de l'Église catholique, fréquemment et saintement reçus, qu'on ne s'y trompe pas, pas plus qu'il n'y a de fortes convictions sans sa doctrine infaillible, sérieusement réfléchie et bien comprise.

Pour être un homme, un Français complet, les fortes convictions ne suffisent pas : il faut aussi de fortes convictions politiques. Les convictions religieuses font le chrétien, les convictions politiques font le Français.

Je n'oublie pas que je suis religieux et, par conséquent, au-dessus des régions de la politique. Ce n'est pas moi qui peux et qui veux en parler ; mais comme tous mes lecteurs ne sont pas religieux, et qu'ils s'agitent forcément dans ces régions, il leur faut le fil conducteur. Mon père, grand chrétien et fier Français, me le mit en main dès l'enfance. Voici ses sages enseignements : ils sont écrits plus encore dans mon cœur que dans ma mémoire :

« Pauvre France, s'écriait-il souvent, depuis bientôt cent ans elle est en proie à un accès de vertige ! C'est un châtiment ! ce n'est pas trop pour un régicide ! Toutes ses idées sont confuses, toutes sont bouleversées. Où sont nos pères, si intelligents, si sérieux, si sages ! S'ils sortaient de leur tombeau, ne maudiraient-ils pas notre France moderne, cette France qui, plaçant son berceau en 89, répudie ses quinze siècles de gloire ? »

« Mon fils, me répétait-il souvent, ne te laisse ni éblouir ni séduire : on te parlera des abus de ce qu'on appelle l'*ancien régime*, et voilà que précisément en 89, au lieu de s'attaquer seulement aux abus, — ce qui était si raisonnable, si logique, les États généraux n'étant convoqués que pour cela, — on s'est attaqué directement aux principes, oubliant que les abus sont de l'homme et que les principes sont de Dieu, et qu'on n'y touche jamais sans mourir.

« Les principes de la véritable France, les voici :

« Dieu vivant dans le Pape, pour faire vivre par lui l'humanité.

« Dieu vivant dans le Roi, pour faire vivre par lui la nation.

« Dieu vivant dans le Père, pour faire vivre par lui la famille.

« Et voilà que la Révolution, sortie de l'enfer et fille de la Franc-Maçonnerie et de la philosophie voltairienne, s'est attaquée à la fois et avec furie au Pape, au Roi et au Père ; et l'attaque a été si violente que sans l'Église catholique qui vit toujours, l'Humanité, la France et la Famille seraient englouties.

« Un jour, les branches d'un arbre entrèrent en conseil. Elles dirent entr'elles . Nous sommes vingt, nous sommes cent, nous sommes mille, et le tronc est tout seul ; nous n'avons qu'un peu de séve pour chacune, et lui a la séve tout entière. Ce n'est ni raisonnable ni juste ; nous sommes dans le progrès des lumières, dans la France moderne, dans l'idée moderne ; il faut mettre ordre à tout cela. Nous sommes le nombre ; au nom du suffrage universel, coupons le tronc et prenons toute la séve pour nous. Et le tronc est coupé ! mais aussi, et presque au même moment, voilà toutes les branches desséchées, toutes les feuilles jaunies et tombant dans la boue, et branches et rameaux jetés au feu. Mon fils, la similitude est parfaite.

« La Révolution a dit : Enlevons le Pape qui se dit infaillible ! Tous les hommes ensemble en savent plus qu'un seul. Vivent les droits de l'homme ! Et voilà que ces hommes ne sont plus même des hommes, ils se croient *singes*, ils veulent absolument être *singes*, ils s'appelent *singes !* sublime dérision de Dieu..

« La Révolution a dit : Tous les Français ensemble sont plus que le Roi ; enlevons le Roi ! et nous serons tous rois ! Vive la République ! où tout le monde est Roi ! et voilà tous ces rois de la République esclaves d'un Gambetta ! »

« Ils ne veulent pas du fils de Charlemagne et de saint Louis, et ils ont pour tyran un Génois fils d'un marchand de *vases d'ignominie*, ayant tout naturellement pour ministre un vidangeur. Sublime dérision de Dieu !

« La Révolution a dit : Tous les enfants réunis sont plus que le père ; enlevons au père le droit de disposer de ses biens et de se perpétuer dans l'aîné de la famille. Vive l'égalité ! A bas le droit d'aînesse ! Et voilà qu'en détruisant le fils aîné, ils ont créé le fils unique !... où s'il y a plusieurs enfants, ce qui devient très-rare, la famille s'éteint par le partage et s'engloutit ainsi ou sous les malédictions du sacrilége, ou dans les déchirements d'une stupide égalité. Encore une fois, ô sublime dérision de Dieu !

« Et voilà que la Révolution a tout détruit, tout troublé, tout gâté !

« Et tu l'as vu, mon fils, et tu le verras encore ; j'ai vu déjà moi-même plus de vingt ou trente Constitutions, vingt ou trente régimes ; tu en verras bien davantage si la France ne revient pas au bon sens, c'est-à-dire à l'ancien régime moins les abus ; c'est-à-dire au vrai, au seul régime français.

« Chez nos pères, il y avait des abus, et où n'y en a-t-il pas quand il y a des hommes, chez ces fous il n'y a que des ruines ! il valait bien la peine de nous faire tant de révolutions ! »

Ainsi parlait mon père, et il ajoutait : « Mon fils, pour comprendre ces choses, il faut plus réfléchir que lire, et il faut plus prier que réfléchir ! »

Vous écouterez comme moi, chers lecteurs, ces

conseils d'un sage et d'un saint[1] vous réfléchirez, vous prierez et nous aurons une nouvelle génération d'hommes.

C'est par l'enfance, c'est par la jeunesse chrétienne saintement élevée, que cette génération nous sera acquise. Pie IX l'a dit, Léon XIII ne cesse de le redire ; là est la vie, là est l'avenir.

Satan le sait bien ; aussi, voyez comme il va droit au but.

« Guerre a mort a l'enfant ! » Voilà sa devise.

Il faut empêcher l'enfant de naître ; pour cela anéantir le mariage par le divorce, le profaner par la volupté et si l'enfant est né, il faut l'arracher au Christ pour l'arracher au ciel, et toute la secte infernale ne travaille qu'à cela ; elle appelle cela *laïciser* l'éducation, c'est-à-dire anéantir l'enseignement religieux pour établir l'enseignement infernal. Pour cela elle a fait l'article 7 ; pour cela elle a fait les décrets.

« Leurs projets sataniques, dit M. C. de Meaux dans une page toute récente, embrassent l'enseignement à tous ses degrés, l'éducation populaire comme l'éducation libérale ; les femmes même n'y échappent pas.

« Ceux qui concernent l'instruction primaire menacent le peuple tout entier. Ils consistent, d'une part, à rendre cette instruction obligatoire ; de l'autre, à en bannir Dieu et le Décalogue. Je ne crois pas que depuis la Terreur rien de plus satanique ait été tenté contre l'âme de la France.

1. Dieu, la Patrie, la Famille, voilà les trois amours que j'ai eu le bonheur de recueillir au foyer ! ah ! de grâce, ménagez à chacun de vos fils ce même héritage. Dieu en récompensa largement mes parents bien-aimés, ils ont eu le bonheur de consacrer leur enfant à cette triple cause. Comme fils aîné, je combats chaque jour les combats de Dieu, mon frère est mort pour la patrie sur le champ de bataille, et ma sœur est morte au foyer de la famille, consacrant à Dieu ses enfants ! Quand les verrai-je au ciel !!!

« Parmi ces projets, plusieurs sont déjà votés par la Chambre des députés. Mais ils n'ont pas reçu force de loi; l'application n'en est pas commencée. De là vient, sans doute, qu'ils ne provoquent pas toute l'indignation qu'ils méritent.

« Mais le jour où ils seront mis en œuvre, que ces forcenés le sachent, la France entière se soulèvera; et sur leur tête tomberont les malédictions de tous les pères et de toutes les mères. On verra le flot de l'indignation et de l'épouvante monter à des hauteurs que ne soupçonnent pas les malfaiteurs téméraires, tout prêts à le soulever aujourd'hui. »

N'attendons pas ce moment pour les combattre; pour cela, formons LA LIGUE DU SALUT DE L'ENFANCE.

Le *premier* engagement à prendre sera de purifier, de sanctifier le mariage chrétien.

Le *second* sera d'économiser sur toutes nos dépenses, pour multiplier les écoles libres et chrétiennes.

Le *troisième*, de nous dévouer pour cette grande œuvre jusqu'à la mort.

Vous connaissez les armes infaillibles pour la victoire; en voici déjà les préludes.

§ 3. — Préludes de la Victoire.

L'expulsion finit à peine et déjà le Seigneur nous donne les arrhes de la victoire.

Les fleurs pleuvaient sur nous pendant nos sorties triomphales, et voilà que des quatre vents du ciel et de tous les endroits de la terre pleuvaient sur eux les insultes et les mépris.

En expulsant nos Ordres religieux, ils en ont créé un nouveau : l'ORDRE DES FLAGELLANTS : les protestants, les juifs, les musulmans eux-mêmes en seront. Celui-là ne manquera jamais à sa vocation; plus vous expulserez, plus il vous flagellera.

Et, chose vraiment inouie ! ô justice de Dieu ! c'est vous-même qui nous forcez à vous flageller. N'avez-vous pas reconnu douteuses les lois vermoulues que vous avez eu l'audace d'invoquer contre nous ? Que signifie votre Article 7 ? que signifient vos décrets ? Si vous aviez eu des lois certaines, auriez-vous jamais pensé à eux ?

Or, ici, je vous arrête !

Dans le doute, est-il permis d'agir ? Un enfant répond : « Non ! »

Et avec des lois plus que douteuses, et sans les faire éclaircir par les tribunaux, qui seuls sont compétents pour dire la valeur qu'ont les lois, vous immolez vingt mille citoyens français, et vous brisez le cœur de nos vingt millions d'amis !

Non, il n'existe pas de mépris assez grand pour vous : il faut en créer encore et vous broyer !

Pour cela, l'Angleterre a donné la main à la Russie, celle-ci à l'Autriche et à toutes les puissances de l'Europe, et celles-ci à l'univers entier.

« Jamais le gouvernement d'un grand pays ne s'est « abaissé à ce point, s'écrie le *Times !*.. Voir un gou-« vernement marcher à l'assaut des couvents, escorté « par des bandes chargées par lui d'applaudir aux « décrets et de huer les victimes, c'est à faire bondir « le cœur d'horreur ! Malheur à la France, si la pro-« tection d'une armée vigilante lui manquait un seul « jour ! »

Le *Standard* fait écho ; le *Nord*, de Saint-Pétersbourg, le redit, et tous ensemble tirent froidement cette conclusion écrasante :

« Des choses semblables se renouvelant en France « chaque fois que la République y est proclamée, il « est plus clair que le soleil que la République ne « s'acclimatera jamais en France ; elle est antipa-« thique à son tempérament et son sol la repousse. »

8

Et ils ont cru, les insensés, travailler pour leur République !!

Oh ! triomphe de la justice de Dieu ! Et comme pour stimuler encore leur ardeur vertigineuse, au moment où le dernier religieux exilé sort de Paris, voici dans cette ville affolée la rentrée triomphale de Louise Michel, « la pétroleuse ! »

Et le *Voltaire*, l'une des trois feuilles de Gambetta, ce sultan dictateur, lui fait cortége en disant dans ses colonnes : « Il est impossible de croire en Dieu et d'être un honnête homme ! » Aussi, au grand jour de la rentrée de la Chambre et du Sénat, Dieu les attend !

M. Ferry vient dire dans sa déclaration : « Messieurs, *vous savez qui nous sommes et où nous allons.* »

Oui, nous le savons, vous êtes les hommes du mal et vous allez où va toujours le mal, à la *ruine.*

Et nous, les persécutés ! nous allons au triomphe !!! Que dis-je, nous triomphons ! et le triomphe a commencé le premier jour de l'attaque. Quelle union admirable entre le clergé et tous les ordres religieux ! Quelle union entre tous les chefs d'Ordre réunis à Paris pour délibérer, et ne formant dès la première heure qu'un cœur, qu'une âme, qu'une volonté ! Depuis le cénacle, la terre n'avait rien contemplé de si beau ! Nous triomphons surtout sous vos haches et vos leviers. A peine avons-nous paru au seuil des portes brisées de nos couvents, la foule nous a fait de splendides ovations; et vous, venez, essayez de paraître à la Chambre et au Sénat.

Vous voilà foudroyés !!! et toute la terre applaudit.

« La chute du cabinet Ferry, s'écrie le *Times*, est « un fait inouï dans l'histoire. Un cabinet qui s'est « aplati devant Gambetta pour suppléer à son insuf- « fisance, un cabinet qui pour lui complaire a assumé « devant ses contemporains et devant les générations

« futures la terrible responsabilité des iniquités dont
« nous venons d'être les témoins et qui tombe d'une
« manière méprisable le jour même où il demande
« son salaire !!! »

Le *Nord*, organe de la chancellerie russe, ajoute :
« C'est un fait sans précédeut dans les annales du
parlementarisme. »

O justice de Dieu !

Et le *Times* ajoute froidement : « On dit qu'on cherche à le replâtrer ! non, non, il a reçu le coup de
mort, lui accorda-t-on cent votes de confiance, il ne
ressuscitera JAMAIS. »

O justice de Dieu !

« MESSIEURS, VOUS SAVEZ QUI NOUS SOMMES ET OU
NOUS ALLONS !!!

Oui, Dieu le sait, et il vous y envoie vite, et votre
marche se précipite.

IRREDEBO ET SUBSANNABO !

A chaque étape de votre course affolée il y a eu un
triomphe de plus pour nous.

Vous entrez au collége Sainte-Marie, de Toulouse,
le front haut, la rage au cœur, et voilà que le même
jour vos lycéens de Carcassonne achètent une corde
pour pendre leur Proviseur et il faut les expulser
manu militari.

O justice de Dieu !

Le même jour où vous fermiez nos couvents à Toulouse, Dieu, par l'affaire du *Triboulet*, vous tradui-
sait à la barre de sa justice, et Mᵉ Falateuf vous faisait passer sous les fourches caudines, la tête en bas
et dans la boue.

O justice de Dieu !

Oui, vous allez vite, si vite que j'entends déjà cette
grande voix du prophète dont nous lisions la leçon
à l'office le 3 novembre, au moment même où vous
enfonciez la porte de notre couvent :

« Finis venit !... Venit finis ! »

« Votre fin est venue ! Votre fin est venue ! »

Et le prophète ajoute : « Voici que je poserai sur eux toutes leurs abominations. Et ces abominations seront au milieu d'eux, et mon œil les poursuivra, et il n'y aura plus de miséricorde. »

« Et vous saurez alors que je suis votre Dieu.

« *Et scietis quia ego sum Dominus !* »

C'était le premier mot de notre livre, qu'il soit sa conclusion !

CONCLUSION

—

Pascal a dit cette grande parole :

« C'est une étrange et longue guerre que celle de
« la violence pour opprimer la vérité. La violence
« passe ; elle n'a qu'un temps, borné par l'ordre de
« Dieu qui en conduit les effets à la gloire de la vérité.
« Celle-ci subsiste éternellement, et triomphe enfin
« de tous ses ennemis, parce qu'elle est éternelle et
« puissante comme Dieu. »

Tout notre livre se résume dans ces admirables
paroles. Que nos ennemis enfin le comprennent.

Rien de terrible comme les justices de cette vérité
qui subsiste éternellement !... nous venons de le prouver ; mais aussi rien de plus beau et de plus doux
que le triomphe de cette vérité, et nous y assistons
déjà !...

Déjà je sens tressaillir le sol, et je vois germer une
France nouvelle.

Le courrier, chaque jour, m'apporte des lettres où
je sens palpiter une surabondance de séve, une surabondance de vie !

Sur l'adresse elle-même, la séve, la vie déborde et
se trahit.

Au R. P. Marie-Antoine, ILLÉGALEMENT EXPULSÉ,
voilà l'adresse d'une lettre que je reçois[1].

---

1. Vivent les grands cœurs !... — Mes félicitations au diocèse
de Bordeaux. Mes félicitations à la sainte et si chère famille,
M. Compans, de Saint-Gaudens, cette ville de mes affections
sacerdotales.

J'ouvre, et à la première ligne, dans toutes ces lettres, on s'écrie :

VIVENT LES PROSCRITS !

Et ces voix me viennent de partout et surtout de l'exil !

Oh ! voix des frères exilés, que vous êtes chères à nos cœurs !!! Ils pensent à la patrie ! Ils pleurent ! Ils rêvent déjà le retour et ils tressaillent !

« Me voici sur la terre d'exil ! écrit un de nos jeunes religieux ; vous ne comprendrez jamais ce qu'il en coûte à un cœur français pour franchir la frontière ! Oh séparation du sol français ! Oh chère Patrie !!! Pour me séparer de toi, il m'a fallu regarder le ciel !... Je ne puis plus vivre loin de toi qu'en m'appuyant sur le tabernacle !..

« La nuit, je rêve de la France et il me semble rentrer à Toulouse au milieu des ovations que nous faisaient ses chers et pieux habitants !... »

Ces joies du futur triomphe sont déjà si enivrantes, les palmes cueillies dans la persécution et dans l'exil sont si belles, que leur seule pensée fait sur les grands cœurs l'effet de l'aimant irrésistible.

« Je n'attends plus, mon Révérend Père, m'écrit un
« jeune homme de grande famille, je n'attends plus.
« L'heure du combat est la plus belle pour s'enrôler.
« La persécution, l'exil, rien de tout cela ne m'effraie
« puisque c'est pour Dieu que je dois souffrir et n'est-
« ce pas pour souffrir qu'on se fait Capucin ?.., »
« Vos novices sont déjà en Espagne, me dit-on,
« sera-t-il possible de recevoir un nouveau soldat ?
« Le local, les vivres, tout doit manquer là-bas,
« mais il y a toujours place dans une armée au mo-
« ment de la lutte ; donnez-moi donc l'adresse de ces
« chers exilés ! Avec eux je mangerai le pain de
« l'exil, avec eux j'attendrai le jour de Dieu et je
« serai Capucin !!! »

Et ces choses, nos oreilles les entendent ! Et ces merveilles, nos yeux les voient !

Après cela, il n'y a plus qu'à contempler le ciel !

Oui, le ciel ! et je veux finir ce livre par les mêmes paroles que Dieu mit dans ma bouche au moment de nos dernières joies, quand, le jour de la Toussaint, nous célébrions pour la dernière fois dans notre chère chapelle, maintenant solitaire, les fêtes du ciel que nous ouvrent nos persécuteurs. Voici mon dernier cri :

« La persécution élève les âmes, les agrandit, les
« fortifie, les enflamme !... Ils croient couper le chêne
« au pied et le faire mourir, et moi je vois germer
« sous la hâche la génération des élus ! ! !

« Regardez-les plongés éternellement dans la gloire,
« s'énivrant de lumière, de bonheur et d'amour ! ! !

« Là, plus de tristesse ni de douleurs ; là plus de
« larmes ni de souffrances ; là plus de séparation,
« mais éternelle félicité, et rien ne pourra jamais en
« troubler, en interrompre la béatitude !... Là plus
« de décrets d'expulsion ; là plus de crochetage : la
« porte du ciel est inaccessible.

« Mais une autre porte aussi le sera : la porte de
« l'enfer !... une fois fermée, elle ne s'ouvrira plus !...
« Ils ne riront plus alors ; ils grinceront des dents, et
« le ver rongeur déchirera leurs âmes !...

« Et ainsi chacun sera à sa place !... et pour l'éter-
« nité ! »

La foule émue et en larmes répondit par ce chant :

> Dieu de clémence, ô Dieu vainqueur,
> Sauvez, sauvez la France
> Au nom du Sacré-Cœur !

A ce cri, la Révolution frissonne ; mais nous, nous prions, nous aimons, nous espérons ! ! !

Cri de Reconnaissance.

Notre dernière parole, cher lecteur, doit être un cri de reconnaissance et une bénédiction.

Reconnaissance à Dieu qui est tout en toutes choses et qui est tout dans la composition de ce livre.

Reconnaissance à Marie-Immaculée, ma mère du ciel, et à l'Église catholique, ma mère de la terre, au jugement de laquelle je soumets, en fils soumis, toutes ces pages, toutes mes paroles, toutes mes pensées.

Reconnaissance à vous, cher lecteur, d'avoir, en les lisant, mis votre cœur à l'unisson du mien pour aimer avec moi Dieu et la France.

Oui, reconnaissance éternelle, au nom de tous les PROSCRITS DE JÉSUS-CHRIST, et que cette lettre, déjà écrite pour les habitants de Toulouse, arrive par vous, chers lecteurs, à tous ceux qui voudront bien réciter une petite prière pour l'Église, pour la France et pour tous les religieux persécutés.

.·.

Les religieux Capucins s'étant faits pauvres pour Notre-Seigneur Jésus-Christ, n'ont d'autre trésor que l'éternelle affection de leur cœur et leurs ardentes prières pour témoigner leur gratitude à tous leurs bienfaiteurs et amis qui viennent de faire éclater pour leur défense tant de courage et d'héroïques vertus.

Cette affection et ces prières leur sont acquises à tout jamais.

Le Dieu du ciel, qui entend toujours la prière du pauvre, exaucera les nôtres, et ils seront tous bénis et récompensés au centuple.

Reconnaissance éternelle à nos gardiens et défenseurs.

Reconnaissance éternelle à tous nos bienfaiteurs.

Reconnaissance éternelle aux bons habitants de la chère ville de Toulouse.

Reconnaissance éternelle aux bons habitants de la Côte-Pavée.

Au nom de tous les Pères et Frères du couvent de Toulouse.

F. MARIE-ANTOINE,

Capucin.

Toulouse, ce 5 novembre 1880.

Bénédiction miraculeuse de notre séraphique Père saint François d'Assise.

Que le Seigneur vous bénisse et vous conserve !...
Que le Seigneur tourne sa face vers vous et qu'il vous donne sa paix !
Que le Seigneur vous fasse miséricorde et vous montre son divin visage !
Que le Seigneur vous donne sa sainte bénédiction.
Ainsi soit-il.

Que le Seigneur vous donne une heureuse et sainte vie, pleine de mérites et de vertus, une douce et sainte mort et une belle couronne dans le Ciel !
Ainsi soit-il.

APPENDICE

Attaqué par le *Rappel* de Paris et la *Dépêche* de Toulouse, parce que j'avais parlé en chaire de la justice de Dieu contre les pécheurs endurcis et que je citais à l'appui des faits frappants dont j'avais été le témoin pendant mes missions, je répondis à leurs insultes, par cette lettre, qu'ils furent obligés d'insérer :

En cours de Prédication à Carcassonne, le 11 août 1879.

« Monsieur le Rédacteur,

« Je commence ma lettre par la ligne qui termine votre article : « Je frémis, quand je pense que ces « gens-là réclament le monopole de l'instruction pu- « blique. »

« Je constate d'abord le mensonge formel. Ces gens dont vous parlez ne réclament nullement, vous le savez fort bien, le monopole de l'instruction publique, ils en réclament seulement la *liberté*, et ils croyaient qu'on ne pouvait la leur disputer, sous votre régime, qui se proclame si pompeusement le régime *de la liberté*.

« C'est par ce refus que votre régime périra, sachez-le bien, parce que le mensonge, en France, peut séduire un instant, mais ne réussit jamais longtemps. La France se souvient tôt ou tard de son nom et elle chasse les menteurs. Arrivera un moment où le peuple réfléchira et choisira entre ceux que vous appelez *ces gens-là* et ceux qui, une fois de plus, prouvent qu'ils sont des menteurs incorrigibles.

« Ce n'est qu'hier au soir, après le coucher du soleil, que j'ai eu la bonne fortune d'apprendre que vous parliez de moi dans votre journal et que vous me donniez, par cela même, le droit de vous répondre, *droit que je revendique et que j'exige au besoin*. Je suis si heureux de cette circonstance que je ne veux pas attendre le lever du soleil pour vous en exprimer ma reconnaissance.

« A minuit, je me suis levé pour chanter, avec mes Frères, les louanges de Dieu et prier pour les pauvres pécheurs qui, à cette heure, veillent encore d'habitude pour l'offenser.

« Je ne vous ai pas oublié dans mes prières.

« Je rentre dans mon étroite cellule, et assis sur le pauvre grabat qui me sert de couche, j'écris, moi pauvre Capucin, à MM. les Rédacteurs du *Rappel* et de la *Dépêche*, journaux qui s'intitulent *les amis du peuple*, Rédacteurs que je ne connais pas, mais qui savent fort bien que je suis un pauvre Capucin, et par conséquent *l'ami du peuple*.

« Voilà vingt-cinq ans que, par amour pour ce pauvre peuple, je me suis fait pauvre comme lui. J'ai voulu vivre de sa vie, marcher pieds nus comme lui ; je couche sur la paille et porte un habit plus pauvre que l'habit du pauvre.

« Je me dévoue et m'épuise de fatigue pour sanctifier et consoler son âme, et je partage ensuite mon pain avec lui. Tous les jours et partout ce pauvre peuple m'appelle son ami ; et voilà que MM. les Rédacteurs du *Rappel* et de la *Dépêche*, qui se disent *les amis du peuple*, m'insultent dans leurs journaux. Expliquez cette anomalie.

« Et pendant que je suis dans cette pauvre cellule, sur ces pauvres planches, sur cette pauvre paille, que font MM. les Rédacteurs du *Rappel* et de la *Dépêche ?*

« Certainement, le peuple les croit au moins aussi sérieux qu'un des sept sages de la Grèce, consumant leurs veilles à méditer sur tous les moyens possibles de réaliser son bonheur.

« Pauvre peuple ! O peuple naïf ! que dirais-tu si tu pouvais seulement soupçonner que MM. les Rédacteurs du *Rappel* et de la *Dépêche* comptent peut-être en ce moment les écus de la recette du jour, ou sortent à peine du théâtre, ou de quelque soirée dansante, peut-être même de quelqu'un des nombreux sérails de nos modernes sardanapales, fumant des *cigares exquis*, et savourant quelque douce liqueur... Mais loin de toi de pareils soupçons! Ils seraient au moins téméraires! Peuple fortuné! Que veux-tu? Prends patience, ils boivent à ta santé et ils feront demain un pompeux article pour t'annoncer une nouvelle ère de prospérité. Et cependant, MM. les Rédacteurs, la vérité vraie la voici : Ce pauvre peuple se meurt de faim; et cet ouvrier sans travail attend avec impatience l'heure de midi pour venir manger la soupe, non chez MM. les Rédacteurs du *Rappel* et de la *Dépêche*, mais au Couvent des pauvres Capucins, MM. les Rédacteurs ne lui ouvrant même pas la porte quand il vient y frapper. Et à ces pauvres ouvriers qui ont faim, je suis obligé de dire : Consolons-nous ensemble, pauvres amis, et espérons que Dieu nous fera bientôt des jours meilleurs, des jours où les pauvres Capucins ne seront plus insultés par MM. les Rédacteurs du *Rappel* et de la *Dépêche*, des jours où le peuple, au lieu d'être exploité, trompé et berné par les menteurs, sera véritablement nourri, éclairé et aimé, et je pense alors en moi-même, le disant tout bas : Ah! si tu avais les *soixante mille francs* de revenu net que donne chaque année la *Dépêche* et les *cent mille francs* que donne peut-être le *Rappel*, tu le nourrirais ce pauvre peuple!... Ah! si tu avais les *cent mille francs* employés pour la salle de bains d'un illustre *ami du peuple*, ou seulement les *quatorze mille francs* qu'il donne à son cuisinier, que de pauvres veuves et de pauvres orphelins auraient du pain en abondance! Que de pauvres ouvriers auraient un toit hospitalier!

« Et vous faites faire presque des péchés d'envie à un pauvre Capucin qui a foulé aux pieds tous les biens de ce monde!!!

« MM. les Rédacteurs, au lieu de vos moquer dans vos colonnes des pauvres Capucins, les vrais amis du peuple, et d'insulter la religion de Jésus-Christ, la seule religion amie du peuple, dites-vous à vous-mêmes et dites à vos illustres amis : Il serait temps cependant de commencer enfin à prouver à ce pauvre peuple que nous sommes ses vrais amis : notre régime finira que nous n'aurons pas commencé ! Mettons-nous y vite, nous lui donnons bien du Prêtre et du Capucin à dévorer chaque jour, mais cela ne nourrit guère. Nos mensonges, c'est vrai, font sur lui l'effet du chloroforme, mais la faim réveillera bientôt le pauvre chloroformé, il chassera à coups de pied ses hypocrites chloroformeurs et reviendra à ses véritables amis : Dites-le et faites-le au plus vite, c'est votre intérêt, je vous le dis en ami ; autrement la coupe va bientôt déborder et votre règne sera fini.

« Il y a quelques heures, un pauvre ouvrier, père de famille, est venu me voir, me conduisant ses deux enfants ; voici ses admirables paroles (textuel) : « Ah ! « mon Père, m'a-t-il dit, qu'avons-nous fait au bon « Dieu pour vivre sous un pareil régime. *Ces gail-* « *lards-là (sic)* ne se contentent pas de nous arracher « jusqu'au dernier sou, avec leurs impôts qu'ils aug- « mentent toujours et qu'ils exigent sans pitié, ils « voudraient encore nous arracher nos enfants, nous « enlever nos bons Frères et nous forcer à mettre nos « enfants dans des Écoles où, en leur enseignant à ne « pas aimer le bon Dieu, ils les enseigneraient à de- « venir nos assassins ! »

« Et en me disant ces paroles, que je rapporte textuellement, ce pauvre ouvrier en blouse pleurait et il ajoutait avec un accent de sublime dignité : « Ah ! « nos sous ! ils peuvent nous les arracher, mais nos « enfants, NON, JAMAIS ! JAMAIS ! »

« Avisez donc MM. les Rédacteurs, avisez et bien vite : C'est un véritable ami du peuple qui vous le dit.

« Je ne vous garde d'ailleurs aucune rancune, dites-le bien à tous vos lecteurs. Dites-leur aussi que je vais continuer de prier pour eux, pour vous et pour la France : pour eux, afin qu'ils ne lisent plus votre journal tant qu'il ne renfermera que des mensonges comme ceux que je viens de constater ! Pour vous, afin qu'au lieu d'être les exploiteurs du peuple, vous en deveniez les véritables amis : et pour la France, afin qu'elle ait bientôt des jours meilleurs. J'en vois déjà l'aurore car après un régime qui l'a pourrie par la fortune et les plaisirs, voici maintenant celui qui travaille à la ramener au bon sens, comme *par force*, par la misère et par la faim.

« Veuillez agréer, etc.

« F. MARIE-ANTOINE,
« *Missionnaire Capucin.* »

**

Certainement vous tous qui lirez cette lettre, vous ne douterez pas un seul instant de notre dévoûment pour ceux qui ont le malheur de devenir nos insulteurs et nos calomniateurs. Notre séraphique Père saint François, ne nous a-t-il pas, après Jésus, appris à pardonner toujours et à rendre toujours le bien pour le mal ?

Saint François, visitant un jour un de ses couvents, le Père Gardien vint se plaindre avec amertume de trois insignes voleurs qui ravageaient le pays et enlevaient le pain quêté par les Frères.

— « Mon Frère, dit saint François, pourquoi toutes ces plaintes ? Ces pauvres malheureux ne sont pas peut-être aussi méchants que vous le croyez ; mais quoi qu'il en soit, il faut gagner leurs âmes. Ne sont-ils pas nos frères ? Voici donc ce que vous allez faire : allez les trouver dans cette forêt où vous dites qu'ils se tiennent, portez-leur le meilleur pain que vous avez avec du vin et, avec des paroles pleines de douceur, invitez-les à manger et pendant qu'ils mangeront, engagez-les avec tendresse à revenir au Seigneur ; vous verrez qu'ils ne vous rebuteront pas ; revenez le lendemain et servez-les avec la même cordialité ; si vous faites de même une troisième fois, soyez assuré, tant la charité a de puissance, que Dieu les touchera et les convertira. »

Le Père Gardien obéit de grand cœur et ces trois voleurs se convertirent, si bien qu'ils se firent tous les trois religieux et finirent leurs jours dans la pratique des plus admirables vertus.

Voilà le triomphe de la charité !... Voilà comment les religieux se vengent de leurs ennemis.

Un jour, une pauvre femme vint demander l'aumône au couvent de Sainte-Marie-des-Anges. François dit au Gardien de lui donner quelque chose. Celui-ci répond : nous avons tout distribué, nous n'avons rien dans le couvent qu'on puisse donner, il ne nous reste que le livre des saints Evangiles que les Frères lisent au chœur. « Donnez-le, dit le séraphique Père, donnez-le afin que cette femme le vende pour subvenir à ses besoins; je crois que cela sera plus agréable à Dieu que de le lire. »

Le P. Marie-Antoine devant un Procureur de la république.

Voilà le sublime modèle que les Religieux, tous les jours, s'efforcent d'imiter : donner tout à nos frères et nous donner nous-mêmes. C'est l'unique ambition de nos cœurs ; les conduire tous au ciel et y mériter ainsi une belle place avec eux, c'est notre unique désir. Je le répondis au procureur de la République, quand les amis de ces rédacteurs eurent la naïve fureur de me faire appeler au parquet, devant ce magistrat, m'accusant de troubler, par mes prédications, la paix publique.

« M. le Procureur, lui dis-je, il faut avouer que nous vivons dans de tristes temps; autrefois ce sont ceux qui m'accusent qui seraient ici appelés par vous et tremblants devant vous; aujourd'hui c'est moi, religieux et missionnaire ; mais je ne tremble pas, et de nous deux ce n'est pas moi qui suis le plus à plaindre. Ma place de capucin, personne ne me l'envie, je ne crains pas de la perdre ni sur la terre ni au ciel; mais la vôtre, par le temps qui court, n'est guère solide... qu'en pensez-vous ? — Vous avez bien raison, mon Père, s'écria le Procureur, en me serrant la main ; oui, plaignez-moi ! et sachez bien que si je n'étais pas marié, je me ferais capucin. »

LA FRANC-MAÇONNERIE

Je voyageais dernièrement côte à côte avec un Monsieur qui m'interpelle : « Mon père, dit-il, vous avez l'air bien bon, je crois l'être aussi, et cependant nous ne pourrons jamais nous entendre. Vous êtes religieux, et moi, je suis franc-maçon. » Et il exhibe incontinent tous ses insignes, car il était un des vénérables de la loge : grande ceinture brodée d'or avec triangles, que sais-je ? « Et vous excommuniez tout cela ? me dit-il. — Non, mon ami, ce n'est pas cela que l'Eglise excommunie, mais c'est le diable qui s'y cache dessous, qui vous attend là et vous y dévore tout vivant. — Prouvez-le ! — Ce n'est pas difficile. Il y a deux catégories bien distinctes dans vos loges : les *niais* qui se laissent prendre aux grands mots de *liberté, égalité, fraternité, philanthropie*, et qu'on dupe par des fantasmagories, et sous ceux-ci, et couverts par leur bêtise, il y a les *vrais scélérats*, les vrais possédés de Satan, ceux qui ont la haine de Dieu et de la société. Certainement, vous n'êtes pas de la seconde catégorie, mais vous êtes de la première, et je vous plains, parce que vous coopérez indirectement à l'œuvre satanique. — Mon père, vos paroles me font réfléchir. — Mon ami, vous avez la tête sur les épaules pour cela, et ceci en vaut la peine ; étant franc-maçon, sachez-le bien, vous êtes excommunié, et si vous mourez excommunié, l'enfer est votre partage pour l'éternité. Réfléchissez, réfléchissez encore, et vous verrez bientôt la folie, la duperie de votre franc-maçonnerie ; vous parlez de *liberté*, vous voilà lié par d'affreux serments et surveillé à vue ! Vous parlez d'*égalité* et vous servez l'ambition des plus habiles qui vous bernent pour avoir des places ! Vous parlez de *fraternité*, et vous voilà obligé à un moment donné d'aller tuer vos frères dans la rue, et cela pour de beaux Messieurs qui font leur malle dès qu'il y a danger, et qui placent à l'avance des fonds sur toutes les banques. — Mon père, ceci me fait encore plus réfléchir. — Voici mon dernier mot, et c'est la pierre de touche, mon argument décisif ; répondez-moi franchement : Vous a-t-on jamais demandé comme condition pour être admis dans la franc-maçonnerie la pratique de la chasteté ? L'a-t-on jamais exigée de vous un seul jour, une seule heure ? — Non, mon père. — Et, si sous peine de ne pas être admis on avait dit à tous vos francs-maçons : Nous exigeons que, pendant un mois entier, vous ne commettiez, soit seuls, soit avec d'autres, soit dans le mariage, soit dans le célibat, un seul péché contre la chasteté ? — Ah ! mon Père, ceci certainement serait trop fort ! et puisque vous me dites de parler franchement, à cette condition nous n'aurions pas un seul franc-maçon. » Lui serrant alors la main pour le féliciter de sa franchise : « Eh bien ! lui dis-je, voilà bientôt deux mille ans que Jésus-Christ est venu sur la terre, et toujours il y a eu des millions d'âmes chastes, non pendant un mois, mais pendant leur vie tout entière, et aucune d'elles n'a jamais pu approcher de la table sainte avec un seul péché contre la chasteté ! Comprenez-vous maintenant pourquoi tant d'hommes et quelquefois des femmes laissent la communion et courent plus que jamais à vos loges infernales, et les voilà avec Satan au lieu d'être avec Jésus ! Satan, c'est la corruption, c'est le remords, c'est la haine, c'est l'enfer : Jésus, c'est la pureté, la paix ineffable de l'âme, l'inépuisable douceur, la divine charité; c'est le ciel. »

Le pauvre franc-maçon était convaincu ; il se serait confessé immédiatement, il me le fit comprendre, il en aurait été très heureux, mais les serments ! mais les chaînes du respect humain !

LES SANS DIEU

Logiques avec leur nom significatif, les *radicaux*, vrais *phylloxéras*, vont droit à la *racine ;* voulant détruire les âmes, la famille, la société, ils s'attaquent à l'enfance qui est la racine de la vie, de la famille et de la société. « Pour que le Christ ne nous échappe pas, dit Hérode, tuons tous les enfants, sans exception. »

Macrobe, historien de Rome païenne, nous dit que l'empereur Auguste, apprenant ce forfait, s'écria : « *Il vaut mieux être le pourceau d'Hérode que son fils* (Macr., t. II, chap. IV). » Une de nos pieuses paysannes de France a poussé le même cri, en présence du même forfait, commis par un de nos illustres radicaux contre l'âme de son enfant ; elle est accostée par ce furibond orateur sans Dieu. « A quoi bon tous vos curés, lui dit-il, voyez mon enfant !... comme il est gras ! et cependant il n'a pas été baptisé ! — Ah ! mon bon monsieur, dit celle-ci sans se troubler, ne soyez pas si fier !... dans mon étable, j'ai deux petits pensionnaires qui sont encore plus gras !... et je ne les ai pas fait baptiser... » Qu'en pensez-vous, terrible orateur ?... Pas mal répondu pour une pauvre paysanne !... Heureux les cœurs purs !... ils en savent beaucoup plus que nos orateurs sataniques.

Ce mode nouveau d'engraisser des enfants sans le baptême et de les enterrer *idem,* nous fait entrer à pleines voiles dans un régime nouveau : la *Pourceaucratie.*

AU PEUPLE

QUE FAIRE DE LA RELIGION ET DES RELIGIEUX ?

Il faut anéantir tout cela, répondent les impies.

Peuple bien-aimé, jusques à quand te laisseras-tu tromper par eux ? Pourquoi prêter l'oreille aux impies ; te parler contre la religion ou être ton assassin, n'est-ce pas la même chose ?

Un homme sans religion est pire que la brute, et une société sans religion, c'est une vision de l'enfer sur la terre.

Sans la religion, ces trois mots : *Liberté, Egalité, Fraternité,* sont trois mensonges et trois absurdités ; avoir Dieu pour maître, c'est la *Liberté;* l'avoir pour juge, c'est l'*Egalité;* l'avoir pour père, c'est la *Fraternité.*

Fuis les sociétés secrètes où l'on t'enchaîne, et les lieux de plaisir où l'on t'avilit ; sanctifie le dimanche, aime le travail, la prière, l'économie et les joies de la famille : là est le bonheur.

Ne porte pas envie aux riches ; avec la religion tu es plus heureux qu'eux, car Dieu est ta consolation et le ciel ton héritage ; un riche sans religion est plus misérable que toi.

Les mauvais journaux, en te parlant contre la religion, ne cherchent qu'à te dégrader pour mieux se servir de toi. Tous ces ambitieux ne flattent tes passions que pour mieux arriver aux places et mieux remplir leur bourse ; ils s'engraissent et te laissent mourir de faim ; s'ils te font boire un jour, pour mieux te faire voter pour eux, ils te laissent le lendemain sans travail, et si tu veux du pain pour ta femme et tes enfants, tu es obligé de revenir vers tes vrais amis : les prêtres, les religieux, les catholiques.

Quel est celui de tes flatteurs impies qui t'accueille et te nourrit chaque jour comme nos bons Religieux? Quel est celui autour de la demeure duquel on pourrait dire ce que répétaient les pauvres autour de chacun de nos couvents :

ET MAINTENANT, QUI NOUS NOURRIRA?

Peuple bien-aimé, ne courbe plus ton front baptisé sous le joug impie; aime tes vrais amis, déteste tes vrais ennemis.

Vive la Religion, mère de la civilisation et de la liberté! Haine à l'impiété, mère de la barbarie et de la tyrannie!

Il est temps que le droit triomphe de la force!

Il est temps que la noble et sainte terre de France ne soit plus la terre du scandale et de l'immoralité!

> Peuple, debout! chante ta délivrance;
> Le Christ est là, c'est ton libérateur :
> Avec le Christ, paix, bonheur, abondance!
> Avec le Christ, toujours gloire et grandeur!

Vive le Christ! vive la France!

LE CLÉRICALISME EST-IL L'ENNEMI?

Trois hommes, ou plutôt trois démons incarnés, se sont rencontrés proférant trois horribles blasphèmes. Le premier a dit en parlant de Notre-Seigneur Jésus-Christ : *Ecrasons l'infâme.* Le second a dit : *Dieu, c'est le mal.* Le troisième a dit : *Le cléricalisme, voilà l'ennemi.*

Ces trois blasphèmes, peuple bien-aimé, méritent ton éternelle exécration; mais le dernier est le plus satanique, parce qu'en attaquant le Clergé il attaque à la fois Dieu et le Christ. Il renverse l'œuvre divine elle-même et frappe au cœur l'humanité.

Ce Clergé que le Blasphémateur impie appelle l'*ennemi*, c'est l'admirable SACERDOCE CATHOLIQUE établi par Notre-Seigneur Jésus-Christ pour continuer après lui l'œuvre du salut du monde. Par lui a été réalisée la civilisation chrétienne, par lui l'esclavage antique a été détruit. Le Pape, les Evêques, les Prêtres, les

Religieux, le composent, et comme l'indique le nom de *clerc* qui signifie : *partage*, ils ont choisi pour *unique partage* le service de Dieu et de leurs frères.

Les *Cléricaux* sont ceux qui les respectent et les aiment.

Les *Anticléricaux* sont ceux qui les méprisent et les persécutent.

Or, je te le demande, peuple bien-aimé, mépriser et persécuter un homme précisément parce qu'il s'est voué au service de Dieu et de ses frères, n'est-ce pas être fou et *fou furieux?*

On dira peut-être : Il y a de mauvais prêtres. Je réponds : Parce que Judas a été un mauvais apôtre, faut-il mépriser l'apostolat? Parce qu'il y a de mauvais soldats, de mauvais médecins, de mauvais juges, faut-il mépriser la médecine, la magistrature et l'armée? Or, l'armée ne garde que ton territoire, la magistrature tes biens, la médecine ton corps et le clergé garde ton âme, ta dignité, ta liberté et ton éternité! Aussi l'humanité a-t-elle toujours prodigué au Sacerdoce son respect, son amour et sa reconnaissance.

Un Français surtout ne peut mépriser les Prêtres et les Religieux sans être un monstre d'ingratitude; aussi, pour prononcer cet horrible blasphème, a-t-il fallu rencontrer un étranger, qui s'est engraissé et enrichi en ruinant et en démoralisant la France.

Non! non! jamais un Français n'aurait dit : *Le Cléricalisme, voilà l'ennemi.* Nul Français n'ignore que les Evêques, les Prêtres et les Religieux ont défriché, civilisé, instruit la France, l'ont formée, en un mot « comme les abeilles forment leur ruche » et l'ont placée au premier rang des nations, rang qu'elle n'occupera qu'autant qu'elle aimera ses Prêtres et ses Religieux et qu'elle restera fidèle à son antique devise : *Vive le Christ qui aime les Francs.*

Conclusion. — 1° Dieu tient fait à lui-même ce ce qu'on fait à ses Prêtres et à ses Religieux. Tous ceux qui les aiment sont bénis : individus, familles, nations. Tous ceux qui les persécutent sont maudits;

2° Attaquer le clergé catholique c'est s'affirmer stupide, immoral et ingrat. N'est-ce pas, en effet, dans les rangs du Clergé catholique que se sont toujours trouvés les plus illustres orateurs, les plus beaux génies, les plus grands saints et les plus grands bienfaiteurs de l'humanité ?

HONNEUR, GLOIRE ET AMOUR AU CLERGÉ CATHOLIQUE !

HONTE, CONFUSION, MÉPRIS A SES STUPIDES ET INGRATS ENNEMIS !

Vive le Christ ! vive la France !

A LA RELIGION, ô FRANCE, SOIS FIDÈLE,
NUL NE SERA JAMAIS UN BON FRANÇAIS SANS ELLE.

Le siége glorieux de Frigolet.

A quelques kilomètres de Tarascon s'élève une montagne à pic. Sur cette montagne, un monastère.

Dans ce monastère, vingt Prémontrés inexpugables. Autour de ces vingt Prémontrés inexpugnables, trois mille hommes de troupe, commandés par le général Billot. Les Prémontrés ont des vivres pour un an ; les trois mille hommes sont campés dans la plaine de Graveson et le général Billot faisait des plans.

Telle est la grave situation qui s'est manifestée dans le Midi.

On frémit en songeant à ces vingt moines rebelles, qui tiennent en respect trois mille hommes. L'Europe attentive observe ce grand événement. On attend. Que va-t-il arriver ?

Personne ne peut le savoir, parce que personne n'est admis auprès du général Billot, hormis ses aides de camp. Le général Billot, homme d'énergie, passe les nuits à étudier Vauban et à relire Ratheau. A tout instant, le désespoir trace sur son front pâle un sillon obscur : « Il faudrait être Alexandre ! » murmure-t-il d'une voix âpre.

Cependant il ne perd pas la tête. il a fait demander des renforts à Marseille. Les troupes marchent à grandes journées, elles se suivent à peu de distance. A huit heures, hier matin, est arrivée la 7ᵉ du 38ᵉ, suivie à peu de distance de la 5ᵉ du 42ᵉ, qu'emboîtait la 3ᵉ du 59ᵉ, talonnée elle-même par la 3ᵉ du 61ᵉ et la 1ʳᵉ du 28ᵉ. Le grand chemin d'Arles à Tarascon est défoncé par les caissons d'artillerie et les fourgons du train.

Les opérations du siége continuent sans désamparer. L'artillerie s'est massée à plusieurs kilomètres à droite du monastère — la cavalerie, trop impatiente d'en venir aux mains, a été mise à pied et les chevaux ont été donnés à l'infanterie, qui va être montée. Six mille sapeurs amenés de Lyon, ont commencé à creuser des tranchées.

Une surveillance active règne dans le camp des assiégeants. Hier, un âne, chargé de paniers et qui galopait vers le couvent, a été pris et fusillé sans jugement. Le général Billot se montre d'une rigueur absolue, et il a raison.

A chaque instant ses aides de camp lui apportent des ordres du jour sur les moindres incidents du siége. Le dernier bulletin annonçait que trois soldats avaient été blessés. Le premier en tombant d'un arbre sur lequel il était monté pour dénicher des merles, et les deux autres en s'enfonçant mutuellement leurs pipes dans l'œil, au milieu d'une querelle à la cantine.

Le deuxième bulletin portait qu'une reconnaissance avait été faite par le 8ᵉ dragons qui s'était approché à moins de 16 kilomètres du couvent. Çà été un premier succès. Le 8ᵉ dragons a rapporté, en guise de trophées, une paire de sandales de couleur différente, un goupillon en parfait état et une besace contenant un demi-gigot de mouton.

Toute la nuit, le général a commandé un feu nourri pour réchauffer ses soldats, encore mal aguerris aux premières gelées de novembre. Le général, éternellement armé de sa lorgnette, a observé ce matin, dès l'aube, un mouvement inaccoutumé chez l'ennemi : « C'est une sortie! » s'est-il écrié avec une certaine émotion. En effet, un nuage de poussière s'éleva sur la montagne, et puis, tout à coup, on aperçut, venant de la plaine, un troupeau d'une vingtaine de petits cochons qui s'étaient échappés du monastère, la queue au vent et le groin en arrêt. Le 9ᵉ chasseurs s'ébranla aussitôt. La mêlée fut horrible. Pas un des petits cochons n'a pu échapper. Le bulletin annonce six morts et neuf blessés. Le reste a été fait prisonnier et mis immédiatement à la broche.

Une dernière dépêche, transmise par l'agence Havas, nous fait connaître le plan adopté par le général Billot. Il divise son armée en trois corps. L'un ira à droite, l'autre à gauche et le dernier au milieu. Cela lui fera trois armées. L'infanterie sera couverte par la cavalerie, et au besoin par le ridicule.

Ce qui ranime l'espoir du général Billot, c'est la lettre suivante, qu'il a reçue ce matin, et qu'il a insérée dans sa dernière proclamation :

« Tenez bon, j'arrive.

« Général BOUM. »

On pense que l'assaut sera donné cette nuit.

Albert MILLAUD.

*
**

L'airain sacré tremble et s'agite,
D'où vient ce bruit lugubre, où courent ces guerriers
Dont la foule à longs flots roule et se précipite ?
Sans doute, l'honneur les enflamme,
Ils vont pour un assaut former leurs rangs épais !
. . . .
Non, ces guerriers... *sont des agents*
Qui viennent... nous montrer leurs dents !!!

———

IRRIDEBO ! ET SUBSANNABO !

———

C'est toujours la justice de Dieu !
Laissez passer la justice de Dieu !

———

ERRATA

Page   5, ligne 20, lisez : *non est.*
—   6, ligne 10, lisez : terre entière.
—   51, ligne 36, lisez : inexcusables.
—   69, ligne 19, lisez : de science et de sucre.
—   83, ligne 35, lisez : Dieu l'a porté.
—   86, ligne 25, lisez : Père supérieur.
— 100, ligne 17, lisez : prodige du monde.
— 115, ligne 2, lisez : la liberté de la conscience.
— 164, ligne 8, lisez : convictions religieuses.

TABLE DES MATIÈRES

Toulouse, imprimerie DOULADOURE-PRIVAT, rue Saint-Rome, 39.